望見

红色文化中的精神世界

戴和圣◎著

安徽师范大学出版社
·芜湖·

图书在版编目(CIP)数据

望见：红色文化中的精神世界 / 戴和圣著. -- 芜湖：安徽师范大学出版社, 2025.3

ISBN 978-7-5676-6461-6

Ⅰ. ①望… Ⅱ. ①戴… Ⅲ. ①大学生—思想政治教育—研究—中国 Ⅳ. ①G641

中国国家版本馆CIP数据核字(2023)第231018号

安徽省高校弘扬社会主义核心价值观名师工作室“三全育人”理念下高校辅导员工作创新研究项目

安徽师范大学“庆祝中国共产党成立100周年”专项课题“安徽青年在百年党建历程中的发展作为”

望见——红色文化中的精神世界 戴和圣 著

责任编辑：房国贵　　责任校对：舒贵波
装帧设计：张德宝　　责任印制：桑国磊
出版发行：安徽师范大学出版社
芜湖市北京中路2号安徽师范大学赭山校区　　邮政编码：241000
网　　址：https://press.ahnu.edu.cn
发 行 部：0553-3883578　5910327　5910310(传真)
印　　刷：苏州市古得堡数码印刷有限公司
版　　次：2025年3月第1版
印　　次：2025年3月第1次印刷
规　　格：880 mm × 1230 mm　1/32
印　　张：8.375
字　　数：141千字
书　　号：978-7-5676-6461-6
定　　价：59.80元

望见一片信仰的风景(代序)

我从事现代中国红色文学研究已经有很多年了，发表了不少文章，获得过几个项目，出版过两部学术著作。可能是受我的影响，也或者是他的职责和使命使然，他一直在从事着红色文学和文化研究，并发表了相当数量的文章，至于现在已经可以积累成了一部著作的规模了。戴和圣在筹备出版他的著作《望见——红色文化中的精神世界》的时候，就嘱咐我给他的著作写一个序。从春花烂漫的春季，一直到风雪交加的冬天，他的著作的清样都出来了，我的序还在酝酿之中，实在是辜负了大好时光。

戴和圣的这部讲述红色文化精神的《望见——红色文化中的精神世界》，有不少曾在《学习时报》等报刊上登载过，我因为订阅了这份报纸，所以也陆陆续续地读过。而且，有些篇目如“《小二黑结婚》：清粼粼的水来蓝个莹莹的天”“阿英：烟雨墩上为你守望”，在发表之前，我们还一起讨论过。因此，给这部著作做个序言，也应该是我的责任了。

戴和圣的这部著作分为四部分，第一部分“一万年太久，只争朝夕”主要讲述了中国革命的伟大领袖毛泽东同志治国理政的故事；第二部分“面壁十年图破壁，难酬蹈海亦英雄”主要是研究周恩来、李大钊等老一辈无产阶级革命家的诗歌的；第三部分“家如夜月圆时少，人似流云散处多”主要是研究红色革命家“家书”的；第四部分“清澈的爱，只为中国”主要研究的是安徽师范大学所在地芜湖的几个革命家和文学家的革命事迹的。这四个方面，看上去是“文”“史”混杂，实际上却有内在的肌理，那就是，《望见》研究了中国红色革命家的“家国”情怀。作者使用的是“文史互证”的方法论。我主要谈三点：

首先，《望见》的作者在叙述和论证中采用了仰视的叙述视角，由书名可见他的景仰的叙述姿态。在第一辑中，作者从毛泽东同志的词《满江红·和郭沫若同志》中选取了“一万年太久，只争朝夕”作为标题，表达了他对伟大的革命领袖的景仰。在具体的论述中，作者没有选择对毛泽东同志治国理政进行抽象的理论概括，而是选择诸如“一定要把淮河修好”“领导开展爱国卫生运动”“勤俭节约”等治理国家的事迹，来总结毛泽东同志治国理政的特点，赞颂了毛泽东同志的为了人民的福祉而“只争朝夕”的伟大精神。而第二辑，作者选取周恩来同志的诗句“面壁十年图破壁，难酬蹈海亦英雄”作为标题，既生动复现了李大钊、周恩来、夏明翰、方志敏等革命先辈在国家民族的危难时刻，毅然决然选择为民族的独立和自由不惜抛头颅洒热血的历史场景，也表达作者面对革命先辈的历史功绩的感佩和景仰。而“革命家书”部分，作者通过对革命家书等文史资料的发掘、整理和讲述，从个人的角度，表现了革命家的无私精神和伟大胸怀。总之，在《望见》中，对无产阶级革命家的景仰，渗透进了作者的每一行论述，而成为作者的叙述血液和叙述精神。作者通过他的景仰的叙述姿态，从红色革命领袖的革命事迹中，从他们的诗歌作品中，从他们的阔大胸怀中，也从他自己的感悟中，提炼出了他所说的“红色文化精神”。我以为，这是言之有据的。

其次，在大文学的视野中讲述红色革命文化。在关于“文学”的理解中，向来有“大文学”和“小文学”之别。所谓的“小文学”，就是经过近现代“文学革命”以后所形成的“纯文学”或者“狭义的文学”。而“大文学”则来自中国传统文化的定义，也可称之为“杂文学”，即一切以文字写成的东西，都属于文学的范畴。这实际是一种文化概念，既包括狭义上的文史哲，又包括文字之外的文艺作品，甚至也包涵了很多的社会生活文本。在《望见》一书中，戴和圣所采用的就是一种“大文学”概念。“一万年太久，只争朝夕”部分，是一种政论文体，既属于“大文学”中的“文”，也可归属于现代文学中的“散文”。“面壁十年图破壁，难酬蹈海亦英雄”部分，可以称之为“文学批评”和“文学研究”，当然也可以归入“散文”行列。第三辑“家如夜月圆时少，人似流云散处多”所分析的“革命家书”，夹叙夹议，是“散文”和“评论”互渗的文体。最后一部分“清澈的爱，只为中国”中，有关李克农故居的文字，无疑属于“抒情散文”了。我之所以讨论《望见》中的文体问题，是因为我要肯定的是这部著作的“文化叙事”建构。《望见》在文化的维度上，不仅仅是在狭义的文学的维度上，来建构“红色文化精神”的。我以为，在“红色文化精神”的宣传播布上，我们完全可以不拘形式，采用我们得心应手的方式和文体来进行。正如毛泽东同志在《反对“党八股”》中所说的那样，“以新鲜活泼的、为中国老百姓所喜闻乐见的中国作风和中国气派”，来实现对红色文化的构建和传播。

再次，在《望见》中占据绝大部分篇幅的，都可以称之为“文学评论”或“文学研究”，因此，我作为一个文学研究工作者，想特别谈一谈自己的看法。也许是因为自己的专业，戴和圣对文学研究和文学批评给予了特别的关注，《望见》中主要篇幅都包含了诗歌研究；同时，也由于使命使然，他又将关注的焦点投注到老一辈无产阶级革命家的诗歌创作上。老一辈无产阶级革命家，他们大多旧学新学兼备，而又偏重于旧学，旧体诗词创作是他们表达革命豪情的拿手好戏，毛泽东同志的旧体诗词更是取得了巨大成就。在《望见》中，戴和圣一方面从主题学出发，充分发掘了老一辈无产阶级革命家在旧体诗词中所表达的革命豪情，另一方面又运用娴熟的诗学话语，对这些旧体诗词进行了意蕴的发掘和艺术成就的论断，并知人论世，充分论述了无产阶级革命家的家国情怀对其艺术风格的影响。当然，戴和圣所做的工作，并不仅仅只在老一辈革命家旧体诗词创作的研究上。众所周知，在关于老一辈无产阶级革命家文学创作的研究上，我们一般都只知道他们的“诗词”创作，因此，对他们的“诗词”创作的研究，就特别多。这种研究给我们造成了一个印象，似乎他们都是很老派的诗人。但是，通过《望见》我们可以知道，很多的老一辈无产阶级革命家又都是新诗诗人。比如李大钊就是著名的“新青年”新诗人。他发表了诸如《欢迎陈独秀出狱》《山峰》《山中落雨》等著名的新体诗作。而夏明翰则写了很多的民谣体诗作。民谣体，是五四新诗的三种主要体式（自由体新诗、新格律体、民谣体）之一。夏明翰的民谣体新诗风格淳朴，表达到位，通俗易懂。至于后来者阿英，更是一位标准的新诗人了。新诗同样是老一辈无产阶级革命家在革命的历程中，表达个人情感和抒发革命豪情的有效途径之一。

最后，关于《望见》，我还有很多的话要说，但话到嘴边，又不知道如何说。昨天夜里下了小雨，路上湿漉漉的。虽然清新了许多，但又比昨天冷了不少。好在这个时候有《望见》可读，让我在寒意凛冽中增添了不少的暖意，仿佛春天已经潜行而来。一个诗人曾说，冬天来了，春天还会远吗?!

就此打住，不当之处，求教于大方之家。

是为序。

方维保

二〇二三年十二月十五日

自　序

缺憾是生活的一部分。很长时间里，我并没有深思熟虑过要写点什么、也并不觉得能写点什么。有人说，所有遗憾，都是对未来的成全。如果说，人的一生中总归有憾事，那之于我而言，又似乎还不少。但最持久而深刻的，则莫过于：读书时不用心；选择时不睿智；决定时不果断；行动时不彻底。说到底，书读少了，自然缺了胸中那一方了然的世界，少了挥斥方遒的自信果敢，欠了披荆斩棘的胆识毅力。岁月如是，越蹉跎越清醒，与其说是被“命运”掌控了自己，不如说是被自己消解了“命运”。人生的长河，大概就是用大大小小的满足又或遗憾串联起来的，咀嚼之、品味之，优雅奔赴前方。

时光终会沉淀人的思考。人们前进的脚步总是随着年轮滚滚向前，大致是因为人的思考的累积，有意而为，亦不由自主。人是矛盾的生物体，在矛盾中破土发芽，花开花落，周而复始。当遭遇突如其来的疫情，忽然发现过往平常的生活弥足珍贵；当遇到身体的不适时，才豁然明白唯有健康高于一切；当身临自然的肆虐时，才懂得自我的渺小，所谓的获得那么微不足道；当失去，方懂珍惜；当过往，又念从头……人大概总都这样吧。

人总要有一点精神的追求。没有人不需要精神娱乐，相较于饿了添食、困了补觉等本能的诉求，精神上的满足，无疑是最难的，从来不会千篇一律，更呈千变万化，难言其尽。人伦日常中的我们，总是经历着往复的动作，从不意外，时间久了，往往冒出尸位素餐、寡淡无味的生命体验。故而人的潜意识里总是诉求改变，然而一般意义上的改变无外乎重启往复，无甚区别。根本上说，人要有点精神追求，唯有常常接受精神的洗礼，才能仿若新生，豁然开朗。当饥渴的时候，精神可当食粮；当困倦的时候，精神提振劲头；当无助的时候，精神给予希望；当孤独的时候，精神相伴左右；当膨胀的时候，精神促进消解；当富足的时候，精神帮助拥有……疫情以来，尤是念及。

在流淌的红色文化中接受精神洗礼。中华文化博大精深，革命文化中有取之不竭的精神财富。我很喜欢毛泽东诗词那种大气磅礴、思接千载、跨越时空、指点江山的豪迈，尤爱那句富有哲理、催人奋进的话语——“多少事，从来急；天地转，光阴迫。一万年太久，只争朝夕。”我万分崇敬周恩来身上的睿智、幽默、真诚、忠贞，他的豪放情怀令人动容，“面壁十年图破壁，难酬蹈海亦英雄”，难免借他人酒杯浇自己胸中块垒，“做天难做四月天，蚕要暖和麦要寒。种菜哥儿要落雨，采桑娘子要晴干”，似也饱含难言愁绪。李大钊的“青春之气”，方志敏的“可爱的中国”，夏明翰的至爱至恨，于方舟的以己为舟，阿英的激扬战歌，陶铸的“松树的风格”，张恺帆的铁骨丹心……当你徜徉于老一辈革命家的诗词里，总有跨越时空、豁然开朗的感觉。每一封革命家家书里，都有着动人的故事，备受感触、值得品味的东西太多，愈读愈有被洗礼的感触。精神的净化，是一种别样的幸福。

写作是为了让我们的灵魂有处安放。说起来，我的职业生涯至今尚未脱离过文字，每每念及总有一种莫名的难言的情绪。很多时候，同一件事情做得久了，人的印象就容易被标识，我似也未能例外。难说什么时候开始，我开始思量，能不能做一点想写什么就写什么，而不是为写什么就得写什么！不追求“为赋新词强说愁”，但求洒脱自如、率性而为，每每为选题绞尽脑汁、用心着笔，希冀每一次完成的文字作品能有自己的想法，偶成一二，亦感欣慰。这么看来，写作的重点在于过程，那种认真思虑的样子，其间人的灵魂是自己的，不受外物干扰，自由而奔放，惬意而丰满。我想，在可预期的未来，行将老去的悠长时光里，人们更需要这样的可以自由安放的灵魂吧。

戴和圣

二〇二二年十一月廿四日于芜湖

目　录

一万年太久，
只争朝夕

毛泽东领导开展爱国卫生运动

中国共产党具有开展爱国卫生运动的优良传统，在井冈山革命根据地时期就积极开展群众卫生运动，将搞好卫生防疫工作视为关系革命成败的大事。毛泽东高度重视爱国卫生工作，多次专门讲话、批示、题词，亲自主持召开会议，经常过问、调研工作开展情况，为抓好爱国卫生运动“划重点”。

注重依靠群众发动群众

毛泽东在长期的革命实践中，开创了依靠群众发动群众开展爱国卫生运动的方法，成为解救人民于疫病的重要法宝。

新中国成立之初，国内的传染病及地方性疾病不同程度流行，东北地区还在美帝国主义侵略朝鲜的细菌战中受到波及，新生政权的巩固面临困难和挑战。为应对这种严峻形势，党领导人民迅速广泛地开展起群众卫生运动，打造摆脱“瘟神”威胁的有效武器。在毛泽东关怀和指导下，独具中国特色的群众性卫生运动组织——爱国卫生运动委员会应运而生，中央及全国各地还相继成立防疫委员会，创造性地开展捕鼠灭虱运动和清洁卫生活动，有力回击了美帝国主义的细菌战，也使广大群众受到深刻的清洁卫生教育。在毛泽东看来，群众性爱国卫生运动不仅外能御敌，而且对内也能提振中华民族的精气神，如果动员全体人民参与，中华民族的精神就会为之一振。

毛泽东把搞好群众性爱国卫生运动和促进人民身心健康紧密联系起来。在为1952年12月召开的第二届全国卫生工作会议题词中，他号召人民群众“动员起来，讲究卫生，减少疾病，提高健康水平”[①]。爱国卫生运动由此转变为经常性的工作，成为人民群众生产、生活的重要内容。毛泽东深切感受到人们在抗美援朝战争胜利后的很长时间里，生产生活深受“四害”的影响，提出在

① 中共中央文献研究室:《毛泽东著作专题摘编》,中央文献出版社2003年版,第1655页。

全国各地大举进行以除“四害”为中心的爱国卫生运动。“各地尚未动员的必须立即动员起来。”[1]“环境卫生，极为重要，一定要使居民养成卫生习惯，以卫生为光荣，以不卫生为耻辱。”[2]

毛泽东并非孤立地强调爱国卫生运动，而是辩证地将抓好群众性爱国卫生运动同搞好生产发展结合起来，认为把卫生工作看作孤立的一项工作是不对的。“卫生工作之所以重要，是因为有利于生产，有利于工作，有利于学习，有利于改造我国人民低弱的体质，使身体康强，环境清洁。”[3]因此，必须大张旗鼓，大作宣传，使得家喻户晓，人人动作起来。

与体育运动联系起来研究部署

毛泽东心系发展体育运动、增强人民体质，将体育运动和爱国卫生工作联系起来进行研究和部署。

① 中共中央文献研究室:《毛泽东著作专题摘编》,中央文献出版社2003年版,第1657页。

② 中共中央文献研究室:《毛泽东文集》(第八卷),人民出版社1999年版,第150页。

③ 中共中央文献研究室:《毛泽东文集》(第八卷),人民出版社1999年版,第150页。

在毛泽东看来，体育运动是人类自然而然的养生之道。“体育者，人类自养其生之道，使身体平均发达，而有规则次序之可言者也。”[①]在指示“把爱国卫生运动重新发动起来”[②]时，毛泽东还不忘围绕人们身边的体育活动进行指导，提出凡能做到的，都要提倡做体操，打打球，跑跑步，爬山，游泳，打太极拳等各式各样的体育运动。

毛泽东认为，人的体质之差别将决定习得知识、胜任工作的程度，“今世百科之学，无论学校独修，总须力能胜任。力能胜任者，体之强者也；不能胜任者，其弱者也。强弱分，而所任之区域以殊矣”[③]。新中国成立后，毛泽东将发展体育运动作为国家战略，亲自布局、亲自过问、亲自指导。1952年6月10日，中华全国体育总会成立，毛泽东欣然题词“发展体育运动，增强人民

① 中共中央文献研究室:《毛泽东著作专题摘编》,中央文献出版社2003年版,第1650页。

② 中共中央文献研究室:《毛泽东文集》(第八卷),人民出版社1999年版,第149页。

③ 中共中央文献研究室:《毛泽东著作专题摘编》,中央文献出版社2003年版,第1650页。

体质”[1]，成为我国发展体育卫生事业的指导思想。

毛泽东提出，“德、智、体”和谐共生、协同发展，也是关于人的发展的教育思想。同理，爱国卫生运动说到底也是改造人的工作，与体育殊途同归。早在青年时期，毛泽东就系统阐述了德、智、体全面发展的关系，“体育一道，配德育与智育，而德智皆寄于体，无体是无德智也”[2]。认为知识诚然可贵，人之所以与动物有差别就是这个原因；道德也的确可贵，用来在群体生活中管束自己的言行。“体者，载知识之车而寓道德之舍也。”[3]可见体育在毛泽东心中的重要地位。

重点发展医药卫生事业

毛泽东强调，重视卫生、防疫和医疗工作，发展中国的医药科学，培养中国特色的医疗卫生队伍，是“一

① 中共中央文献研究室:《毛泽东著作专题摘编》,中央文献出版社2003年版,第1650页。

② 中共中央文献研究室:《毛泽东著作专题摘编》,中央文献出版社2003年版,第1650页。

③ 中共中央文献研究室:《毛泽东著作专题摘编》,中央文献出版社2003年版,第1650页。

项重大的政治任务”[①]，应极力发展这项工作。

在陕甘宁边区期间，毛泽东就提出搞好农业农村发展的同时要抓好卫生防疫工作。“在五年到十年之内，我们要求得在科学知识普及方面的进步，医药卫生应该放在我们的计划里，和生产计划同时并进。”[②]新中国成立后，面对百分之八十五的人口在农村这一实际，提出医疗卫生工作的重点在农村。1965年，毛泽东亲自起草《关于医疗卫生工作的重点问题》，接见医务工作人员，强调“把医疗卫生工作的重点放到农村去”[③]。

毛泽东指明了一条发展中国特色医药的道路，那就是挖掘传统中医药优势，坚持中西药结合。“中国医药学是一个伟大的宝库，应当努力发掘，加以提高。”[④]毛泽东从文化视角辩证地解读中西医的关系，强调既要尊重我们的中医这个文化遗产，也要善于用西医的科技来发

① 中共中央文献研究室:《毛泽东文集》(第六卷),人民出版社1999年版,第176页。

② 中共中央文献研究室:《毛泽东著作专题摘编》,中央文献出版社2003年版,第1654页。

③《关于医疗卫生工作的重点问题》,《建国以来毛泽东文稿》(第11册),中央文献出版社1996年版,第387页。

④ 中共中央文献研究室:《毛泽东文集》(第七卷),人民出版社1999年版,第423页。

展我们的传统医学。他并不认为中医是给几个人看好病的问题，而是文化遗产问题，要把中医提高到对全世界有贡献的高度，“我们中国的医学，历史是最久的，有丰富的内容”[①]。主张要以西方的近代科学来研究中国的传统医学的规律，发展中国的新医学。

毛泽东主张各类医药队伍要协调共生、携手发展，强调敬畏生命，以人民为中心。面对陕甘宁边区人、畜死亡率高，而许多人还相信巫神这一实际情形，毛泽东提出不仅要依靠新医，也要联合旧医和旧式兽医，训练他们成为人民的医生，关心人民的痛苦。毛泽东先后题词，勉励延安中国医科大学“救死扶伤，实行革命的人道主义”[②]，号召全社会“尊重护士，爱护护士”[③]，指示医药卫生界要“团结新老中西各部分医药卫生工作人员，组成巩固的统一战线，为开展伟大的人民卫生工作

① 中共中央文献研究室：《毛泽东年谱（一九四九——一九七六）》（第二卷），中央文献出版社2013年版，第258页。

② 中共中央文献研究室：《毛泽东著作专题摘编》（下），中央文献出版社2003年版，第1655页。

③ 中共中央文献研究室：《毛泽东著作专题摘编》（下），中央文献出版社2003年版，第1655页。

而奋斗”[①]。

开展好爱国卫生运动，依靠群众发动群众是根本工作路线，体现了我是谁、为了谁、依靠谁的价值导向；发展体育运动，增强人民体质，是提升人民幸福感安全感的关键支撑，体现了以人民为中心的价值旨归；发展医药卫生事业，提高整体医药水平是重要保障，体现了维护人民健康利益的价值追求。毛泽东的这些思想，对如今我们开展爱国卫生运动具有极大的理论价值和指导意义。

（原刊2020年6月12日《学习时报》第1485期A5版“党史国史”，收入时略有增删）

---

① 中共中央文献研究室:《毛泽东著作专题摘编》,中央文献出版社2003年版,第1653页。

毛泽东：一定要把淮河修好

淮河是我国第三大河，南北气候和自然分界线之一，对支撑国民经济发展起着至关重要作用。近代以来至新中国成立初期，淮河经历了多次水患，尤以1931年、1938年和1950年为甚，灾情特别严重。为治理好淮河，曾国藩、左宗棠、李鸿章、曾国荃等人都曾付诸努力；清末实业家张謇奔走20余年查勘淮河、呼吁导淮；孙中山多次筹划导淮计划，直呼“修浚淮河，为中国今日刻不容缓之问题”[1]；国民党政府成立导淮委员会，试图在导淮事业上一显身手……但淮河水患有增无减。新中国成立后，以毛泽东为首的中国共产党人领导人民克服艰难险阻，着眼长远、协同联动、群策群力，取得治淮的

① 孙中山：《孙中山选集》（上），人民出版社2011年版，第273页。

重大胜利。治理淮河与抗美援朝的伟大胜利，大大提振了中国人民的信心，成为20世纪50年代初轰动国内外、永载史册的两件大事。

着眼长远，科学治淮

1950年夏，淮河流域的豫皖交界处遭遇超大暴雨，史、洪、淮、淠四河洪水并涨。整个淮河平原的灾情异常严重，“豫东潢川、皖北阜阳两地区水气森森，连成几百里汪洋，遍野嚎哭，其状凄惨至极”[①]。7月20日，毛泽东收到华东防汛总指挥部“淮河中游水势仍在猛涨”[②]的报告后，心情无比沉重，对淮河流域人民的巨大痛苦感同身受，意识到必须尽快根治淮河，以消除水患。他当即批转周恩来：“除目前防救外，须考虑根治办法，现在开始准备，秋起即组织大规模导淮工程，期以一年完成导淮，免去明年水患。请邀集有关人员讨论（一）目

① 钱刚、耿庆国:《二十世纪中国重灾百录》,上海人民出版社1999年版,第465页。

② 尹传政:《毛泽东与新中国水利工程建设》,人民出版社2021年版,第87页。

前防救、（二）根本导淮两问题。”[①]周恩来于22日召集政务院副总理董必武、水利部部长傅作义等，研究防灾救灾和导淮工程问题，讨论导淮根本方针与明年水利计划。

淮河灾情，更加严峻。毛泽东接到安徽省委负责人关于受灾救灾的电报后，心情急迫，在描述群众受灾情形的电文上重重标注，并第二次给周恩来写了批语：“请令水利部限日作作导淮计划，送我一阅。此计划八月份务须作好，由政务院通过，秋初即开始动工。”[②]周恩来亲自指导，日夜兼程抓救灾，紧锣密鼓筹备治淮会议。8月25日至9月12日的治淮会议经过分析研究，“决定以‘蓄泄兼筹’为治淮方针，确定上游以‘拦蓄洪水发展水利’为长远目标，中游蓄泄并重，下游则开辟入海水道，以利宣泄。”[③]

着眼长远，科学治淮开启艰难征途。

---

① 中共中央文献研究室:《毛泽东文集》(第六卷),人民出版社1999年版,第85页。

② 中共中央文献研究室:《建国以来重要文献选编》(第一册),中央文献出版社1992年版,第356页。

③ 中共中央文献研究室:《周恩来年谱(一九四九—一九七六)》(上卷),中央文献出版社1997年版,第69页。

加强领导，协同联动

淮河所跨区域广，治淮涉及上、中、下游不同地区的利益。治淮会议虽确定了治淮方针，但豫、皖、苏三省在治淮办法上意见不一致。苏北由于担忧上游泄洪经苏北而又不能顺利入海，将加深苏北的水患，便将意见报告给了华东军政委员会。1950年8月31日，该电报经由华东军政委员会转报周恩来后送呈毛泽东。毛泽东认为，苏北区委的考虑有道理，但关注点是自己的一亩三分地，没有放眼豫、皖广袤区域的利益。如果群众的土地非涝即旱，就算土改了也没什么用。为了把土改搞好，必须先集中力量治淮。毛泽东第三次给周恩来批示，要求“导淮必苏、皖、豫三省同时动手，三省党委的工作计划，均须以此为中心，并早日告诉他们”[①]。周恩来立即向水利部及三省负责人传达了毛泽东的批示，协调落实三省的治淮任务，并专门约见董必武、薄一波、傅作义，研究确定了豫、皖、苏三省并进，政府、专家、群众三者结合，新式专家、土式专家互相补充，协同联动

---

① 中共中央文献研究室:《毛泽东文集》(第六卷),人民出版社1999年版,第86页。

的治淮策略。

1950年9月16日，安徽省负责人曾希圣致电华东军政委员会主席饶漱石，报告皖北灾民拥护治淮决定及物资调配的意见。9月21日，这份电报经周恩来、董必武、陈云、薄一波等人阅后转呈毛泽东，他当即第四次批示周恩来：“现已九月底，治淮开工期不宜久延，请督促早日勘测，早日做好计划，早日开工。”[①]连用三个“早日”，足见其态度之坚定、心情之急迫。治淮工程计划在周恩来的亲自督促下，由水利部及各地付诸实施。9月22日，周恩来将毛泽东的批示转给中财委的陈云、薄一波、李富春，并专门给他们及水利部的傅作义等人写信，强调中央政府要从人力、物力、财力上确保治淮的需要，“凡紧急工程依照计划需提前拨款者，亦望水利部呈报中财委核支，凡需经政务院令各部门各地方调拨人员物资者，望水利部迅即代理文电交（政务）院核发”[②]。那时候的国家财政十分困难，但中央人民政府在当年10月前已下拨1亿余斤粮食、1000万斤盐、52万吨煤等物资用

① 中共中央文献研究室:《毛泽东文集(第六卷)》,人民出版社1999年版,第86页。

② 中共中央文献研究室:《周恩来年谱(一九四九—一九七六)》(上卷),中央文献出版社1997年版,第81页。

于救灾；至11月，中财委预拨原粮4亿5000万斤等用作治淮工程费。

正是党中央对治淮的坚强领导，区域协同联动“一盘棋”推进，保障了淮地安定。我们更能从毛泽东四次批示尤其是三个“早日”，深切感受到他治理淮河的迫切心情和坚定决心。

全民参与，群策群力

人民水利人民建，人民淮河人民治。治淮会议精神像一抹清风拂过皖北大地，皖北干群无不为之精神振奋，逃难的灾民纷纷返乡投入救灾治淮的“人民战争”中。饱受洪灾之苦的淮河人民迸发出极大的热情和创造力，凤台、灵璧等各县群众主动请缨，制作器材，修造船只，搬运物资……为了解决治淮工程技术骨干严重缺乏的现实难题，中央发出全国支援治淮的号召，周恩来从全国调配大批工程技术人员驰援治淮，各路治淮大军纷纷集结治淮工地，揭开了新中国大规模治水的序幕，开创了人民治淮的新纪元。“父子齐上阵，兄弟争报名，妇女不示弱，夫妻共出征”[1]，正是数以百万计智慧勇敢的农

① 尹传政：《毛泽东与新中国水利工程建设》，人民出版社2021年版，第103页。

民、工人加入治淮大军，以极大的热情，日夜奔走在数千里淮河的运输线上，在设备简陋、工艺落后的年代，用不足三个月的时间建成一条160公里的苏北灌溉总渠，让全世界见识了全民参与办大事的“中国速度”。

毛泽东在获悉抗美援朝旗开得胜、治淮工程进展顺利的消息后，非常高兴，欣然应允傅作义的提议，为治淮工程题词“一定要把淮河修好”①。1951年5月，中央治淮视察团受命视察治淮工地，并精心准备了印有毛泽东题词的锦旗。治淮委员会、三省的治淮指挥部、干部劳模纷纷受到毛泽东的“特别嘉奖”。中央治淮视察团还向全体民工转达了毛泽东和周恩来的亲切关怀和问候，这给治淮大地的干部群众注入了无穷的精神力量。在那个物资极度匮乏的年代，广大人民群众在党的号召和治淮精神的感召下，克服了难以想象的艰难困苦，不计个人得失，弃小家保大家，全力奋战，日夜劳作，不少人病倒甚至牺牲在治淮工地上。精神的力量是无穷的，1951年7月20日，也就是毛泽东批示根治淮河一周年的时候，治淮一期工程胜利完成。

①《中华人民共和国简史》编写组:《中华人民共和国简史》,人民出版社、当代中国出版社2021年版,第41页。

千军万马战淮河，群策群力锁蛟龙。毛泽东心系人民福祉，着眼长远，号召科学治淮；党中央聚焦发展全局，加强组织领导，强化协同联动；人民群众感党恩听党话跟党走，发扬非凡的劳动热情和忘我的奋斗精神，全民参与、群策群力，共同书写了抗灾救灾的“中国答卷”，充分彰显了我们党和人民至上的价值追求。

重温毛泽东勤俭节约思想

毛泽东勤俭节约的思想和实践，影响着一代代党员干部和群众，对今天奋力走好第二个百年新的赶考之路，仍有极大的理论和现实意义。

勤俭节约是治国之道

毛泽东节约粮食的思想，不仅体现在革命困难时期，而且在中华人民共和国成立初期，以及漫长的社会主义建设过程中，他将勤俭节约上升为治国方针，长期坚持，不改初衷。

在陕甘宁边区期间，为了解决壮大革命力量和粮食极为匮乏之间的矛盾，毛泽东号召边区群众、指战员、机关干部和学校师生“自己动手”[①]，开展“大生产运动”[②]，不仅取得了增收节用的效果，而且有效粉碎了敌人的经济封锁。党中央迁至西柏坡时，正赶上当地大旱，粮食歉收，群众口粮紧张。毛泽东及时提出“抗旱备荒、节约粮食”[③]的口号，要求党员干部开展节约宣传，并率先垂范，规定自己每天节约一把米、每顿只吃一个菜，还要求自己的三个孩子去机关食堂吃饭，不准吃小灶。因为夜以继日地工作，每当深夜饥饿难耐的时候，毛泽东就让警卫员烤一根红薯充饥。在那个灾荒年份，全民节粮运动不仅解决了部分饥饿问题，而且支持了抗旱救灾工作。

新中国成立后，毛泽东将勤俭节约列入党的治国方针。他在1955年10月召开的中共七届六中全会（扩大）上提出：“要严格地节约，反浪费。”[④]“要提倡勤俭持

① 中共中央文献研究室:《毛泽东文集》(第二卷),人民出版社1993年版,第460页。

② 金冲及:《毛泽东传》(1893—1949),中央文献出版社2004年版,第640页。

③ 王聚英:《最后一个农村指挥所——中共中央移驻西柏坡史》,中央文献出版社2001年版,第505页。

④ 中共中央文献研究室:《毛泽东著作专题摘编》(上),中央文献出版社2003年版,第852页。

家，勤俭办社，勤俭建国。我们的国家一要勤，二要俭，不要懒，不要豪华。”[1]次年，毛泽东在谈到国家预算既要保证重点建设又要照顾人民生活时，再次提出要在全党和全国人民中发动一个增产节约运动，反对铺张浪费，提倡艰苦朴素作风，厉行节约。毛泽东时刻不忘提醒党内同志，不只是因为一时困难才提倡勤俭节约，而是要坚持持久的全面的勤俭节约。1957年，在著名的《关于正确处理人民内部矛盾的问题》讲话中，毛泽东表示，我们国家既要搞大规模的建设，同时又面临底子薄、资源匮乏这个矛盾，而全面持久地厉行节约就是解决这个矛盾的一个方法。我们要执行厉行节约、反对浪费的勤俭建国方针，用几十年的艰苦奋斗，使国家富强起来。

勤俭节约是党的优良作风

毛泽东毕其一生进行革命斗争和治国理政，视勤俭节约为党性修养的重要内容和初心使命的试金石，创造和发展了党勤俭节约、艰苦朴素的优良传统。

井冈山时期，面对敌人的严密封锁，毛泽东领导军

① 中共中央文献研究室:《毛泽东著作专题摘编》(上),中央文献出版社2003年版,第935页。

民吃糙米南瓜、穿单衣草鞋、睡稻草铺，在极度困难的条件下一次次成功反“围剿”，创造了跨越时空的“井冈山精神”。长征时期，既要应对敌军的围追堵截，更要应对险峻恶劣的环境，爬雪山、过草地、涉天险，毛泽东领导红军创造了堪称奇迹的“长征精神”。延安时期，为了有效保存和壮大革命力量，毛泽东领导军民开展轰轰烈烈的“自己动手，丰衣足食”的大生产运动，形成了驰名中外的“延安精神”。毛泽东在长期的革命斗争中，不断积累勤俭节约理论的实践经验，丰富勤俭节约理论的内涵，并一以贯之地执行。

中华人民共和国成立后，毛泽东把勤俭节约作为党和国家的优良作风，号召全党和全国人民发扬好这个传统作风。他把勤俭节约确立为社会主义经济的一项基本原则，提出要坚守艰苦奋斗这个党的政治本色，切实地整顿党纪、转变作风、改进工作，以加快建设国家经济。“同人民有福共享，有祸同当，这是我们过去干过的，为什么现在不能干呢？只要我们这样干了，就不会脱离群众。”[①]他在1957年10月中共八届三中全会上提出：“要

① 中共中央文献研究室：《毛泽东著作专题摘编》（下），中央文献出版社2003年版，第2135页。

将大吃大喝、不善持家的风气转变过来”[1]“应当教育全国城市、乡村的每一个人，要有远大的目标，有志气。大吃、大喝，统统吃光、喝光，算不算一种志气呢？这不算什么志气。要勤俭持家，作长远打算。”[2]在毛泽东看来，社会主义制度的建立，为我们庆祝伟大梦想，为人类的进步发展，开辟了康庄大道，然而要实现这样的远大理想，还需要依靠持久的辛勤劳动。

新时代要弘扬勤俭节约的传统美德

节约粮食、勤俭持家是中华民族的传统美德，厉行节约、勤俭治国是我们国家励精图治、繁荣富强的基本国策，艰苦奋斗、勤俭治党是中国共产党人永葆政治本色、坚持拒腐防变的精神力量。毛泽东勤俭节约思想，是留给后世的巨大财富，激励党员干部艰苦奋斗、踔厉奋发，带领人民战胜贫困、奔向富裕。

① 中央档案馆、中共中央文献研究室：《中共中央文件选集（1949年10月—1966年5月）》（第二十六册），人民出版社2013年版，第242页。

② 中央档案馆、中共中央文献研究室：《中共中央文件选集（1949年10月—1966年5月）》（第二十六册），人民出版社2013年版，第249页。

毛泽东对自己的餐桌要求极为严格。1960年，国家遭遇百年罕见的自然灾害，他接到有人因为缺粮饿死的报告，心情无比沉重，毅然决心同人民一起勒紧裤腰带过苦日子。他召集身边的警卫战士共同宣布“实行三不主义”[①]：一不吃肉，二不吃蛋，三吃粮不超定量。那之后，毛泽东坚持了七个月没吃过一口肉。在他眼里，餐桌上的节约不光是吃饭问题，还是国计民生。“一粥一饭，当思来之不易；半丝半缕，恒念物力维艰。”他曾语重心长地对身边的同志说，如果全国8亿人民每人每天浪费了一粒米，一年下来浪费的粮食能够救济大量灾民。反过来，假如8亿人民一个人一天还能节省一粒米，那节余的粮食就更加可观了。“实行勤俭节约，反对浪费，能够使我们的国家富强了再富强，使人民生活水平提高了再提高。”[②]他还常说：“我们国家还不富裕，人民群众生活还有一些困难，我吃那么好，心里不安呀。我吃的饭菜很好了，什么时候中国的老百姓都能吃上四菜一汤，那该多好。”[③]

---

① 华宸：《擎天柱：人民的领袖毛泽东（1949—1976）》，人民出版社2015年版，第271页。

② 曹前发：《毛泽东生态观》，人民出版社2013年版，第51页。

③ 曹前发：《毛泽东生态观》，人民出版社2013年版，第53页。

党的十八大以来，以习近平同志为核心的党中央继承和发扬毛泽东等老一辈无产阶级革命家的优良作风，始终强调艰苦奋斗、勤俭节约。习近平总书记高度重视发扬艰苦奋斗精神，强化勤俭节约，始终惦念粮食安全，提倡“厉行节约、反对浪费”的社会风尚。2013年1月，习近平总书记在新华社《网民呼吁遏制餐饮环节“舌尖上的浪费”》材料上作出重要批示，要求努力使厉行节约、反对浪费在全社会蔚然成风。2020年8月，习近平总书记对制止餐饮浪费行为作出重要指示，强调要坚决制止餐饮浪费行为[①]，切实培养节约习惯，在全社会营造浪费可耻、节约为荣的氛围。

党的二十大报告指出，全党同志务必不忘初心、牢记使命，务必谦虚谨慎、艰苦奋斗，务必敢于斗争、善于斗争，坚定历史自信，增强历史主动，谱写新时代中国特色社会主义更加绚丽的华章[②]。我国仍是发展中国

①《坚决贯彻落实习近平总书记重要指示精神，各地各部门实施更有力的举措，杜绝“舌尖上的浪费”——建立长效机制，坚决制止餐饮浪费行为》，《人民日报》2020年8月13日第1版。

② 习近平：《高举中国特色社会主义伟大旗帜 为全面建设社会主义现代化国家而团结奋斗——在中国共产党第二十次全国代表大会上的报告》，人民出版社2022年版，第1—2页。

家，人口多、底子薄，巩固拓展脱贫攻坚成果同乡村振兴有效衔接正在进行中。在这种情况下，艰苦奋斗、勤俭节约理应成为一种常态。在全党全国人民奋进全面建设社会主义现代化新征程，更好统筹发展和安全的关键时期，在内困外扰、国际激烈竞争的关键当口，人人都有义务从勤俭节约做起，从身边小事做起，用实际行动为国分忧。这既是践行以人民为中心的发展思想的内在要求，也是重温毛泽东勤俭节约思想的最好方式。

“一万年”：毛泽东的情怀、自信与思辨

毛泽东同志是伟大的马克思主义者，伟大的无产阶级革命家、战略家、理论家，是马克思主义中国化的伟大开拓者、中国社会主义现代化建设事业的伟大奠基者。习近平在纪念毛泽东同志诞辰130周年座谈会上的讲话中指出：“毛泽东同志展现出一个伟大革命领袖高瞻远瞩的政治远见、坚定不移的革命信念、勇于开拓的非凡魄力、炉火纯青的斗争艺术、杰出高超的领导才能、心系人民的赤子情怀、坦荡宽广的胸怀境界、艰苦奋斗的优良作风，赢得了全党全国各族人民的爱戴和敬仰，毛泽东同志的崇高精神风范永远是激励我们继续前进的强大动力。”[①]

① 习近平:《在纪念毛泽东同志诞辰130周年座谈会上的讲话》,人民出版社2023年版,第12页。

毛泽东在诸多讲话、批示和创作中喜用“一万年”这个词，以修饰、强调、对比、假设或遥想……“一万年”背后，彰显毛泽东思想博大深邃、胸怀坦荡宽广，文韬武略兼备、领导艺术高超，心系人民群众、终身艰苦奋斗。透过“一万年”，我们真切感受到毛泽东时空万里的广阔胸襟、无比强大的文化自信以及充满智慧的辩证思维。

诗人情怀和伟人胸襟

毛泽东作为一位富有豪情的诗人，其诗词作品中百、千、万、百万、万千等数字的运用，无不透露出时空万里的诗人情怀，以及指点江山的伟人胸襟。

时空万里的诗人情怀。毛泽东喜用“一万年”并非偶然现象，他在创作诗词作品时，善用百、千、万这样的大数字以显示宏大场景和时空情怀。譬如“横扫千军如卷席”[①]“巡天遥看一千河”[②]“万类霜天竞自由”[③]，抑或“万里长空且为忠魂舞”[④]“无端散出一天愁，幸被东风吹万里”[⑤]，等等。不仅如此，毛泽东在诗词中对百、千、万等数字的组合艺术也是炉火纯青，信手拈来间不仅彰显他高超的诗词造诣，更见诗人超越时空的眼界和广阔胸怀。且见“万水千山只等闲”[⑥]“金猴奋起千钧棒，玉宇澄清万里埃”[⑦]“百万雄师过大江”[⑧]“春风

① 1931年夏，毛泽东在红军取得第二次反“围剿”的重大胜利后，满怀豪情地写下《渔家傲·反第二次大“围剿”》：“白云山头云欲立，白云山下呼声急，枯木朽株齐努力。枪林逼，飞将军自重霄入。　七百里驱十五日，赣水苍茫闽山碧，横扫千军如卷席。有人泣，为营步步嗟何及！”

② 1958年7月1日，毛泽东写下著名的《七律二首·送瘟神》，并作题记：“读六月三十日人民日报，余江县消灭了血吸虫。浮想联翩，夜不能寐。微风拂煦，旭日临窗。遥望南天，欣然命笔。”其一首曰：“绿水青山枉自多，华佗无奈小虫何！千村薜荔人遗矢，万户萧疏鬼唱歌。坐地日行八万里，巡天遥看一千河。牛郎欲问瘟神事，一样悲欢逐逝波。”

③ 语出毛泽东《沁园春·长沙》。

④ 语出毛泽东《蝶恋花·答李淑一》。

⑤ 语出毛泽东《七古·送纵宇一郎东行》。

⑥ 语出毛泽东《七律·长征》。

⑦ 语出毛泽东《七律·和郭沫若同志》。

⑧ 语出毛泽东《七律·人民解放军占领南京》。

杨柳万千条”[①]等，不一而足。这种时空情怀不仅反映在诗词中，毛泽东在展望未来时，也喜用千、万这样的数字以示远见。在一次谈及北京交通时，毛泽东说，北京现在只有万余辆汽车，相比东京，车少、车祸也少。但是，“一万年以后，北京怎么办？还是一万辆车？会发明新东西，不要这些交通工具。就是人起飞，用简单机器，一飞就飞到一个地方，随便哪里都可以落”[②]。话语间，除却自信豪迈，也有诗人的浪漫情怀。

指点江山的伟人胸襟。毛泽东青年时期就立志拯救民族于危难，立下“改造中国与世界”[③]的远大志向，并为之奋斗到生命的最后一刻，矢志不移、执着追求。年轻的毛泽东豪言壮语，“问苍茫大地，谁主沉浮”[④]“自

① 语出毛泽东《七律二首·送瘟神》。

② 龚育之：《党史札记　二集》，人民出版社2014年版，第242页。

③ 中共中央文献研究室：《毛泽东年谱（一八九三——一九四九）》（修订本）（上卷），中央文献出版社2013年版，第73页。1920年7月，新民学会旅法会员开会讨论关于新民学会的方针、方法，提出“改造中国与世界”的学会方针，但在实现道路上有分歧。是年12月1日，毛泽东在写给蔡和森、萧子升等人的信中，表明自己接受马克思主义，主张走俄国十月革命的道路。

④ 语出毛泽东《沁园春·长沙》。

信人生二百年，会当水击三千里”[1]；盛年的毛泽东慷慨激昂，“神女应无恙，当惊世界殊”[2]“今日长缨在手，何时缚住苍龙”[3]；晚年的毛泽东谈笑风生，“年年后浪推前浪，江草江花处处鲜”[4]“凭阑静听潇潇雨，故国人民有所思”[5]……我们从毛泽东的诗词中可以体味江山在心的豪迈胸襟，体会共产党人不忘初心、牢记使命的政治本色和前进动力。毛泽东常常勉励同志们，只要还能工作就多多少少应当工作，工作就要有一股革命热情，就要有一种拼命精神。他提出的“天地转，光阴迫。一

① 1925年10月，毛泽东创作《沁园春·长沙》，在词尾深情而豪迈地写道：“曾记否，到中流击水，浪遏飞舟？”1958年12月，毛泽东为这句词加批注：“击水：游泳。那时初学，盛夏水涨，几死者数。一群人终于坚持，直到隆冬，犹在江中。当时有一篇诗，都忘记了，只记得两句：自信人生二百年，会当水击三千里。”（中共中央文献研究室：《毛泽东文集》（第七卷），人民出版社1999年版，第460页）

② 语出毛泽东《水调歌头·长沙》。1956年12月，毛泽东在给黄炎培的信中，附上《浪淘沙·北戴河》《水调歌头·长沙》两首词，“以答先生历次赠诗的雅意”。（中共中央文献研究室：《毛泽东文集》（第七卷），人民出版社1999年版，第165页）

③ 语出毛泽东《清平乐·六盘山》。

④ 语出毛泽东《七律·洪都》。

⑤ 语出毛泽东《七律·有所思》。

万年太久，只争朝夕”[1]的拼搏精神，一直指引和感召全党全国人民不懈奋斗。

毛泽东是心怀天下的领袖，也是昂扬向上的革命者，情怀和胸怀、字趣和志趣、诗格和人格，在其诗词中达到了高度的统一。他的诗词造诣深厚，饱含情怀，诚如清代名士沈德潜所言，“有第一等襟抱，第一等学识，斯有第一等真诗”[2]。

文化自信和政治定力

在毛泽东的言谈和文字之间，“一万年”的不时点缀，彰显豪情满怀的文化自信和气势磅礴的政治定力。

豪情满怀的文化自信。毛泽东重视民族产业发展，强调要保护好发展好中华民族的文化品牌。他告诫有关部门，不能把民族手工业中的许多好东西搞掉了，万一

① 中共中央文献研究室:《毛泽东诗词集》,中央文献出版社1996年版,第135页。1963年元旦,郭沫若在《光明日报》发表《满江红·领袖颂》。毛泽东读后于1月9日和词《满江红·和郭沫若同志》,并首先书赠周恩来。这首词的手迹一直由邓颖超珍藏着,后来她将凝结着两位领袖人物伟大友谊的珍贵革命文物交给了党中央。

② 沈德潜:《说诗晬语》,《〈原诗〉〈一瓢诗话〉〈说诗晬语〉》,人民文学出版社1979年版,第187页。

搞掉了也一定要恢复过来，而且还要搞得更好一些，“王麻子、张小泉的刀剪一万年也不要搞掉”[1]。民族品牌中有许多招牌的字写得好，要拍照保存好保护好，“历史名字要保存，商务印书馆、中华书局的名字为什么不要，瑞蚨祥、同仁堂一万年要保存”[2]。毛泽东提出，中华民族历史上的经典文艺作品要代代相传，永远传承下去。中国的古典诗词反映了中华民族和中国人民的风骨，兴观群怨、哀而不伤、温柔敦厚，不仅老年人喜欢，中年人也喜欢，青年人将来也要喜欢它。古典诗词虽因其音韵格律有颇多讲究而学习运用起来不那么容易，其社会功用却毋庸置疑。为了更好传承，传统文艺作品需要在改造中发展。“我冒叫一声，旧体诗词要发展，要改造，一万年也打不倒。”[3]民族的文艺作品要有中国气派，要有强大生命力，要为群众喜闻乐见。毛泽东关于文艺创作的源泉、文艺批评的双重标准等思想，集中反映在其

① 中共中央文献研究室:《毛泽东文艺论集》,中央文献出版社2002年版,第141页。

② 中共中央文献研究室:《毛泽东文集》(第七卷),人民出版社1999年版,第171页。

③ 萧永义:《毛泽东诗词史话》,东方出版社2004年版,第410页。

影响长远的《在延安文艺座谈会上的讲话》中。

气定神闲的政治定力。毛泽东有积极的革命乐观主义精神，面对困难困惑困境的时候，能够实事求是地分析，坚定看好积极的一面。即便在革命和建设最困难的时候，他总教导大家对形势要从积极方面看，有困难要想办法战胜它，坚持实事求是、艰苦奋斗的精神。“缺点要两面看，两点论嘛！成绩缺点一万年也有，你能说只有现在有成绩、缺点，过去就没有？成绩、缺点，正面、反面，光明面、黑暗面，已认识了的世界、未认识的世界，一万年还有。”[①]毛泽东有坚强的革命大无畏精神，站在正义和人民的立场上，对认准的事情，咬定青山不放松。在他看来，新生的事物和革命的东西，往往会遭到质疑甚至责骂，这是矛盾规律的表现，“自古以来，没有先进的东西一开始就受欢迎，它总是要挨骂。马克思主义、共产党从开始就是挨骂的。一万年以后，先进的东西开始也还是要挨骂的”[②]。在与苏联关于修正主义、教条主义的争论中，毛泽东态度鲜明，毫不让步，“如果

①《毛泽东同志九十诞辰纪念文选》，人民出版社1984年版，第327页。

② 中共中央文献研究室：《毛泽东文集》（第七卷），人民出版社1999年版，第198页。

修正主义、教条主义有一万年，我们就要反一万年”[①]。

矛盾观和重点论

作为马克思主义的忠诚信奉者和坚定实践者，毛泽东始终坚持用马克思主义唯物辩证思维分析和解决问题。他经常借“一万年”来形象地诠释辩证思维的奥义、使用之道和价值意义。在毛泽东众多辩证思维中，矛盾观和重点论最具代表性。

坚持矛盾观，辩证分析问题。毛泽东强调，一切事物都存在矛盾，两个矛盾既彼此对立，又互相转化。在1958年3月的成都会议上，毛泽东放眼自然、经济、社会、军事、政治、文化等领域，列举大量例子证明矛盾的普遍性。他形象地用开会打比方，开会走向反面，转化为散会，“我们不能在成都开一万年的会”“千里搭长棚，没有个不散的筵席”[②]。毛泽东认为，矛盾是发展的，不仅旧的东西不会轻易褪去，在社会主义社会，也必然不断出现新的错误思想。“世界上有好的东西，也有

① 吴冷西:《十年论战(1956—1966)》(下),中央文献出版社1999年版,第916页。

② 中共中央文献研究室:《毛泽东文集》(第七卷),人民出版社1999年版,第372—373页。

坏的东西，自古以来是这样，一万年后也会是这样。”[①]正因为有坏的东西，我们才要改造和发展，才要做工作。1954年12月，当人们普遍批判俞平伯的《红楼梦研究》时，他及时提醒人们这个批判主要是围绕唯心论问题，“将来一万年以后，也还有唯心论，因为社会经济制度、生产关系陈旧了，就有一批人要出唯心论。新旧之间的矛盾，一万年后也还有”[②]。毛泽东提出，思想层面的问题尤其要重视，不要怕错误思想，关键要善于鉴别和正确斗争。他用生活中的普遍现象打比方，田里长着两种东西，一种叫粮食，一种叫杂草，所以农民年年都要跟田里的杂草作斗争。同样，思想领域也会有杂草——那就是错误思想，因而我们的作家、评论家、艺术家和教授，也要常常跟这样的“杂草”作斗争。“杂草一万年还会有，所以我们也要准备斗争一万年。”[③]正确思想和错误思想斗争也好比铲杂草，也要经常斗争，在斗争中使

① 中共中央文献研究室:《毛泽东文集》(第七卷),人民出版社1999年版,第69页。

② 中共中央文献研究室:《毛泽东文集》(第六卷),人民出版社1999年版,第385—386页。

③ 中共中央党校:《马列著作毛泽东著作选读(科学社会主义部分)》,人民出版社1978年版,第524页。

正确思想受到锻炼，成长起来。

抓住重点，分清主次。毛泽东在1957年1月召开的省（自治区、直辖市）党委书记会议上指出，要把怎样处理社会主义社会的敌我矛盾和人民内部矛盾当作一门科学好好研究。他结合国内情况提出，现在的阶级斗争，一部分是敌我矛盾，大量表现的是人民内部矛盾。“当前的少数人闹事就反映了这种状况。如果一万年以后地球毁灭了，至少在这一万年以内，还有闹事的问题。不过我们管不着一万年那么远的事情，我们要在几个五年计划的时间内，认真取得处理这个问题的经验。”[①]次月，毛泽东在《关于正确处理人民内部矛盾的问题》的讲话中指出，今后的主要任务是正确处理人民内部矛盾，以便团结全国各族人民进行一场新的战争——向自然界开战，发展我们的经济和文化，建设我们的新国家。

习近平总书记在庆祝中国共产党成立100周年大会上的讲话中指出：“中国人民是崇尚正义、不畏强暴的人民，中华民族是具有强烈民族自豪感和自信心的民

① 中共中央党校:《马列著作毛泽东著作选读(科学社会主义部分)》,人民出版社1978年版,第544页。

族。”[1]心系改造中国与世界最初梦想的毛泽东，接受并认为马克思主义是对历史的正确解释以后，就再也没有动摇。在革命、建设、发展的问题上，毛泽东向来秉承“多少事，从来急；天地转，光阴迫。一万年太久，只争朝夕”[2]。这才是毛泽东的真正愿望和心声。

① 习近平:《在庆祝中国共产党成立100周年大会上的讲话》,人民出版社2021年版,第17页。

② 语出毛泽东《满江红·和郭沫若同志》,中共中央文献研究室编:《毛泽东诗词集》,中央文献出版社1996年版,第135页。

面壁十年图破壁，难酬蹈海亦英雄

周恩来诗歌中的为民情怀

作为伟大的马克思主义者和中国共产党最早的党员之一，周恩来心中始终装着人民。真诚质朴的为民情感，深厚浓烈的为民情怀，坚定果敢的为民担当，是周恩来人格魅力的重要体现，这也在他的诗词创作中得到了充分彰显。

茫茫大陆起风云：少年时的家国之忧

周恩来少年时期就表现出了超出常人的抱负和胸襟，目睹百姓受帝国主义列强欺凌，立下“为中华之崛起而读书”[①]的宏伟志向，誓要改变中国社会。他带着一腔热血，把心系苍生、救民水火的炽热情怀融入诗歌创作中。

① 刘武生：《周恩来的革命春秋》，人民出版社2012年版，第1页。

1914年10月，在南开学校学习的周恩来首次公开发表诗歌作品《春日偶成》（二首）。当时，袁世凯窃取辛亥革命果实，镇压革命党人，置人民群众于水深火热之中。年仅16岁的周恩来感时伤怀，愤而创作，以诗言志。其中一首写道："极目青郊外，烟霾布正浓。中原方逐鹿，博浪踵相踪。"[1]极目所见，浓浓的烟霾笼罩着大地，使人感到压抑、窒息。诗中痛斥天下纷乱、战争残酷，表达坚定斗志，愿像张良反抗秦始皇那样与反革命势力斗争到底。这是少年周恩来的铮铮誓言。

两年后，面对军阀张勋倒行逆施，南开学校教师张皞如掷书流涕，撰成《伤时事》一诗："太平希望付烟云，误国人才何足云；孤客天涯空涕泪，伤心最怕读新闻。"[2]周恩来读后深有感触，随即写了一首《次皞如夫子〈伤时事〉原韵》："茫茫大陆起风云，举国昏沉岂足云；最是伤心秋又到，虫声唧唧不堪闻。"[3]有别于张诗

① 中共中央文献研究室:《周恩来年谱(一八九八——一九四九)》(修订本),中央文献出版社1998年版,第13页。

② 刘武生:《周恩来的革命春秋》,人民出版社2012年版,第13页。

③ 中共中央文献研究室:《周恩来年谱(一八九八——一九四九)》(修订本),中央文献出版社1998年版,第20页。

的是，周恩来借助风起云涌景象反映社会政治之黑暗，但没有沉浸于“空涕泪”的伤痛之中，而是带着蔑视的眼光看待军阀，视张勋之流如秋日之虫，尽管其声唧唧，亦不过是最后的悲鸣罢了，强大的革命自信由是可见。

周恩来关爱人民、感时伤世，诗歌中多次描绘风云际会、山河破碎之景象，又如，“国破山河在，村残草木深”“战火洗劫万室空，吾侪争见九州同”①“登高远望，青山渺渺，被遮掩的白云如带”②，等等。与此相关，周恩来诗中还喜用“乌鸦”“鸿雁”等意象，如“群鸦恋晚树，孤雁入寥天”③，前者影射反动势力，后者象征革命力量，借此表达推翻旧社会、造福人民的革命理想。

道义争担敢息肩：革命者的报国之志

周恩来不仅有浓郁的忧世之心，而且有坚毅的报国之志。他在《敬业》创刊词中写道：“吾辈生于二十世纪

① 黄丽镛、黄晨:《周恩来读古书实录》,人民出版社2012年版,第5页。

② 刘武生:《周恩来的革命春秋》,人民出版社2012年版,第32页。

③ 黄丽镛、黄晨:《周恩来读古书实录》,人民出版社2012年版,第27页。

竞争之时代，生于积弱不振之中国，生于外侮日迫、自顾不暇之危急时间”，“安忍坐视而不一救耶!”“天下兴亡，匹夫有责!”[①]抵御列强，打倒军阀，实现天下太平、万民安康，是周恩来的人生夙愿，也是他诗歌作品中最重要的内容。

1917年9月，周恩来抱着追求真理之壮志赴日留学，临行前作了一首后世广为传颂的诗：“大江歌罢掉头东，邃密群科济世穷。面壁十年图破壁，难酬蹈海亦英雄。”[②]起句化用苏轼《念奴娇·赤壁怀古》词句，气象博大、视野开阔，彰显了宽广的胸襟和崇高的理想；次句直抒胸臆，读书求学为的是拯救国家危亡；接着使用张僧繇画龙的典故表明自己愿如巨龙一样腾飞，为祖国和人民创造一番伟业；结尾再用鲁仲连蹈海的典故表达寻求救国道路的决心，纵是牺牲自己也在所不惜！1919

① 李连庆:《大外交家周恩来》(第一卷),人民出版社2016年版,第13页。另,在《周恩来诗联集笺注》(周恩来著,周秉德注,江苏文艺出版社1998年版,第20页)等书中,将“日迫”写为“日逼”。似两种写法皆可。

② 中共中央文献研究室、南开大学:《周恩来早期文集(一九一二年十月——一九二四年六月)》(上卷),中央文献出版社、南开大学出版社1998年版,第411页。

年，五四运动前夕，周恩来决定回国参加革命，饯别时手书该诗赠予同在日本求学的张鸿诰，并于诗后题“返国图他兴”“以自督耳”等语，以志救国态度之坚决。该诗就如同作者的座右铭。

周恩来的诗歌具有一种革命家所富有的担当精神和刚毅之气，气势恢宏、情感充沛，感人肺腑又催人奋进。譬如，“险夷不变应尝胆，道义争担敢息肩”[1]化用勾践卧薪尝胆的典故，表达担当道义、重整乾坤的决心；“感时勿落泪，誓叫寇惊心”[2]消解了杜甫“感时花溅泪，恨别鸟惊心”[3]的伤情，抒发热血男儿的刚性和誓与敌寇奋战到底的豪情；“华师尽扫列强日，捷书飞传告鳌翁”[4]一改陆游“王师北定中原日，家祭无忘告乃翁”[5]的悲

① 黄丽镛、黄晨:《周恩来读古书实录》,人民出版社2012年版,第26页。

② 黄丽镛、黄晨:《周恩来读古书实录》,人民出版社2012年版,第5页。

③ 黄丽镛、黄晨:《周恩来读古书实录》,人民出版社2012年版,第5页。

④ 黄丽镛、黄晨:《周恩来读古书实录》,人民出版社2012年版,第5页。

⑤ 黄丽镛、黄晨:《周恩来读古书实录》,人民出版社2012年版,第5页。

情，彰显主动抗敌的果敢以及必将胜利的自信。

周恩来作为一名无产阶级革命家，常以诗抒发坚定的政治信仰和为民牺牲的大无畏精神。十月革命后，他曾在日记中写下“风雪残留犹未尽，一轮红日已东升”[①]，将十月革命比作红日，必将给中国带来光明。在《赤光的宣言》中，他引吭高歌：“革命的赤光，从北俄腾起，惊醒了冬虫般蛰伏的被压迫阶级，震动了春蚕般茧缚的世界殖民地，封建余孽，国际的强盗，更被他照的原形毕露。”[②]面对艰难险阻的革命征途，他的信仰没有半点褪色。他在《生别死离》中说道：“种子散在人间，血儿滴在地上。”“生死参透了，努力为生，还要努力为死，便永别了又算甚么？”[③]歌颂亡友黄爱的救国壮举，认为只要信仰坚定，牺牲便成永生。这也是周恩来

① 中共中央文献研究室、南开大学：《周恩来早期文集（一九一二年十月—一九二四年六月）》（上卷），中央文献出版社、南开大学出版社1998年版，第334页。

② 中共中央文献研究室、南开大学：《周恩来早期文集（一九一二年十月—一九二四年六月）》（下卷），中央文献出版社、南开大学出版社1998年版，第524页。

③ 中共中央文献研究室、南开大学：《周恩来早期文集（一九一二年十月—一九二四年六月）》（下卷），中央文献出版社、南开大学出版社1998年版，第455页。

人生信念的写照。

百炼千锤斗士风：政治家的为民之情

全心全意为人民服务是周恩来人生最鲜明的特征，世人称颂“全天候周恩来”。他的诗歌既有对劳苦大众的同情，也有对人民生活的礼赞，还有对英雄人物的讴歌。这些诗作内容不一，艺术手法各异，但都充溢着深厚的为民情感。

1919年，周恩来作了一首新诗《死人的享福》：“西北风呼呼响，冬天到了。出门雇辆人力车，车夫身上穿件棉袍，我身上也穿件棉袍。我穿着嫌冷，他穿着却嫌累赘；脱下来放在我的脚上，我感谢他爱我，他谢谢我助他便他。共同生活？活人的劳动！死人的享福！”[①]通过描写人力车夫的辛苦劳动，尤其是“共同生活”的设问与作答，深刻揭露当时社会有关“互助”“协作”“共同生活”主张的虚假骗局，控诉剥削阶级的食人本质，流露出对底层人民的深切关怀。

无论形势多么艰难，周恩来都有着英勇无畏的革命

① 中共中央文献研究室、南开大学：《周恩来早期文集（一九一二年十月—一九二四年六月）》（上卷），中央文献出版社、南开大学出版社1998年版，第475页。

乐观主义精神。他在1942年为照片《双乐天图》题了一首诗："大乐天抱小乐天，嘻嘻哈哈乐一天。一天不见小乐天，一天想煞大乐天。"[①]邓颖超管重庆红岩村八路军办事处荣高棠的儿子叫"小乐天"，自称"大乐天"，小乐天叫邓颖超"大乐妈"，周恩来则称自己"赛乐天"。邓颖超和小乐天感情深厚、情如母子，人们把他们的合影称为《双乐天图》。中华人民共和国成立前最黑暗的时期，在国统区最危险的地区，周恩来带领人民与反动派斗智斗勇，开展革命活动。读罢此诗，周恩来夫妇与人民群众如同亲人的鱼水情深、乐观旷达的革命情怀自然可见。为了便于群众阅读，周恩来特地采用白描的抒写方式，诗歌平白如话、通俗易懂。题诗照片张贴后，群众争相围观，活跃了革命斗争气氛，缓解了人们的精神压力，激励了广大群众继续战斗。

1943年，周恩来为革命烈士刘志丹陵墓题词："上下五千年，英雄万万千，人民的英雄，要数刘志丹。"[②]该诗高度评价为国捐躯的刘志丹，赞其为人民的英雄、英雄中的英雄。中华人民共和国成立后，周恩来忙于治国

① 金凤：《邓颖超传》（下），人民出版社1993年版，第912页。

② 中共中央文献研究室：《周恩来年谱（一八九八—一九四九）（修订本）》，中央文献出版社1998年版，第573页。

理政，日理万机，公开的一首诗是1958年作的《欢迎和追念》：“粉身碎骨英雄气，百炼千锤斗士风。走石飞沙留侠迹，上天入地建奇功。”[①]为迎接中国人民志愿军凯旋和纪念因飞机失事罹难的郑振铎等烈士，悲喜交加、彻夜难眠的周恩来提笔而作，把多重交错的情思都化作对英雄的敬重。英雄是伟大的，因为他们为人民奉献、为人民牺牲，周恩来讴歌英雄人物的原因正在于此。

东方歌舞团曾向周恩来赠诗一首，表达从事东方歌舞事业的决心：“东方歌舞一枝花，决心学好亚非拉，党的话儿记心田，誓把青春献给她。”[②]周恩来看后把后两句改为“一心一意听党话，誓把一生献给她”[③]，认为党的话儿记心田还不够，要一心一意听党的话，把青春献给舞台的想法短视了，要通过各种形式为党为民奉献一生。作为一代伟人的周恩来以诗歌寄寓了深厚的为民情怀，这种情怀与他高尚的人格相互映照，焕发出灿烂的

① 中共中央文献研究室第二编研部：《周恩来题词集解》，中央文献出版社2012年版，第168页。

② 人民出版社资料组：《人民的好总理——纪念敬爱的周恩来同志》（下），人民出版社1977年版，第193页。

③ 人民出版社资料组：《人民的好总理——纪念敬爱的周恩来同志》（下），人民出版社1977年版，第193页。

光辉，引领人们向上向善，携手创造美好的生活。

（原刊2021年11月5日《学习时报》第1704期A4版“学习文苑”，署名黄振新、戴和圣，收入时略有增删）

周恩来的诗词智慧

周恩来是世人尊敬的“人民的好总理”，也是富有才情的诗人。周恩来的睿智世所公认，其诗词从精心选材、灵活用典到巧妙引录，处处闪耀着智慧的光芒。

精心选材：思想主张的激情呈现

对周恩来而言，诗词不仅是寓情的载体，更是战斗的武器。他精心选取诗歌体裁，以更好地表达自己的思想主张。

仿古写意。周恩来擅长以诗仿古，以抒发现实情感。他曾仿《春望》作《村望》[①]：“国破山河在，村残草木深。感时勿落泪，誓叫寇惊心。烽火连岁月，捷书抵万

① 黄丽镛、黄晨：《周恩来读古书实录》，人民出版社2012年版，第5页。

金。白头休志短，患除贺更新。”一改原诗的伤情，“勿落泪”比“花溅泪”更显刚毅，“寇惊心”比“鸟惊心”更觉豪迈，“岁月”之于“三月”更加坚定，“捷书”相较“家书”更有格局，“休志短”“患除”更加激昂，彰显了与敌人奋战到底的热血斗志。按《示儿》原韵和诗：“战火洗劫万室空，吾侪争见九州同。华师尽扫列强日，捷书飞传告鳌翁。”[①]相较原诗的深沉爱国情感，仿作更具鲜明时代特色，充满尽扫列强、一统华夏的冲天豪情。“陆游不是为个人而忧伤，他忧的是国家、民族，他是个有骨气的爱国诗人。”[②]周恩来对陆游爱国诗的推崇，也是自我的一种刻画。

缘情选体。周恩来讲究诗体选用，以表达诗外之意。新文化运动前，他创作的多为古体诗，古朴典雅、气象博大，抒发忧国为民的情怀和重整乾坤的志向，如《春日偶成》（二首）、《送蓬仙兄返里有感》（三首）、《次皞如夫子〈伤时事〉原韵》、《大江歌罢掉头东》等。1919年后，伴随思想解放的大潮，他的创作偏向白话诗，以

① 黄丽镛、黄晨：《周恩来读古书实录》，人民出版社2012年版，第5页。

② 黄丽镛、黄晨：《周恩来读古书实录》，人民出版社2012年版，第60页。

《雨后岚山》《游日本京都圆山公园》《死人的享福》等为代表，表达了民族“觉醒”主题，宣传民主科学进步思想。为了让诗歌走进群众，更好起到宣传教育作用，周恩来还作过“打油诗”《题〈双乐天图〉》，表达军民情深的主题，受到百姓的喜爱和传诵。

周恩来对古诗的仿写拟作，对诗体的精巧选用，既传达了思想内容，又不失艺术效果，更彰显文学修养和聪明才智。

灵活用典：艺术手法的精妙运用

周恩来文史积淀深厚，创作中尤为擅长引经据典、以史鉴今，抒发情感和胸怀，表达灼见和思想。

以诗抒怀。1916年春，周恩来作《送蓬仙兄返里有感》（三首）其一：“相逢萍水亦前缘，负笈津门岂偶然。扪虱倾谈惊四座，持螯下酒话当年。险夷不变应尝胆，道义争担敢息肩。待得归农功满日，他年预卜买邻钱。”[①]回顾过往战斗，抒发为国奋斗的革命豪情。诗引“扪虱而言，旁若无人”形容志同道合、情义相投，用越

① 中共中央文献研究室、南开大学：《周恩来早期文集（一九一二年十月——一九二四年六月）》（上卷），中央文献出版社、南开大学出版社1998年版，第136页。

王勾践“卧薪尝胆”故事以志不忘国耻、刻苦自励，借季雅“一百万买宅，千万买邻”典故喻示待革命胜利再相聚同欢。另有：“东风催异客，南浦唱骊歌。转眼人千里，消魂梦一柯。星离成恨事，云散奈愁何。欣喜前尘影，因缘文字多。”[①]充溢惜别好友的真挚感情，犹见江淹《别赋》“送君南浦，伤如之何”、《大戴礼记》载送别唱《骊驹》诗、李公佐《南柯太守传》描绘的如梦般送别情景，深蕴着周恩来为国为民的宏伟志向。

以诗言志。1917年，周恩来决心东渡日本求学，寻求救国道路，临行前创作磅礴诗篇：“大江歌罢掉头东，邃密群科济世穷。面壁十年图破壁，难酬蹈海亦英雄。”[②]借苏轼“大江东去，浪淘尽，千古风流人物”唱响气势豪迈的歌曲，以杜甫“巢父掉头不肯住，终（东）

---

① 中共中央文献研究室、南开大学:《周恩来早期文集(一九一二年十月—一九二四年六月)》(上卷),中央文献出版社、南开大学出版社1998年版,第137页。

② 中共中央文献研究室、南开大学:《周恩来早期文集(一九一二年十月—一九二四年六月)》(上卷),中央文献出版社、南开大学出版社1998年版,第411页。

将入海随烟雾”[1]表达铿锵有力的决心，引《五灯会元》“面壁而坐”自励刻苦磨炼，用张僧繇“画龙点睛”典故以志必能相会于中华腾飞世界时，举鲁仲连“蹈东海而死”[2]誓言拯救民族危亡。1941年1月，震惊中外的“皖南事变”爆发，周恩来愤而挥就“千古奇冤，江南一叶，同室操戈，相煎何急”[3]，援引兄弟相残、被逼七步成诗的典故，谴责国民党暴行，揭露事件真相，引起广泛的情感共鸣，产生强烈的政治影响。

周恩来的诗词用典娴熟、用意深远，在特定时代背景下，展现了革命精神和斗争智慧。

巧妙引录：诗词价值的充分凸显

周恩来把诗词融入生活点滴、生命历程，录诗、题诗、赠诗、用诗，都显示出超凡的处世智慧，凸显历久

① 中共中央文献研究室、南开大学：《周恩来早期文集(一九一二年十月—一九二四年六月)》(上卷)，中央文献出版社、南开大学出版社1998年版，第300页。

② 典故出自《史记·鲁仲连邹阳列传》：“彼即肆然而为帝，过而为政于天下，则连有蹈东海而死耳，吾不忍为之民也。”

③ 刘武生：《周恩来的革命春秋》，人民出版社2012年版，第536页。

弥坚的人格魅力。

诗词自励。在《旅日日记》中，周恩来记录了大量诗词，抒写“为中华之崛起而读书”[①]奋斗历程的丰富情感和思想变化，如“乘风破浪会有时，直挂云帆济沧海”[②]“白发衰颜非所意，壮心横剑愧无勋”[③]等经典诗词，及“风雪残留犹未尽，一轮红日已东升”[④]等自创诗句。他常以梁启超的诗句自喻：“天下正多事，年华殊未阑”“风尘孤剑在，湖海一身单”“前路蓬山一万重，掉头不顾吾其东”……抒发“人生三十无奇功，誓把区区

① 刘武生:《周恩来的革命春秋》,人民出版社2012年版,第1页。

② 中共中央文献研究室、南开大学:《周恩来早期文集(一九一二年十月—一九二四年六月)》(上卷),中央文献出版社、南开大学出版社1998年版,第319页。

③ 中共中央文献研究室、南开大学:《周恩来早期文集(一九一二年十月—一九二四年六月)》(上卷),中央文献出版社、南开大学出版社1998年版,第318页。

④ 中共中央文献研究室、南开大学:《周恩来早期文集(一九一二年十月—一九二四年六月)》(上卷),中央文献出版社、南开大学出版社1998年版,第334页。

七尺还天公”[①]的抱负，“晚间我又拿起梁任公的文集来看，念到‘十年以后当思我，举国如狂欲语谁；世界无穷愿无尽，海天寥廓立多时’几句诗，我的眼泪快要下来”[②]，激励自己务求救国之真切学问。1976年元月2日凌晨，彻夜同病痛顽强斗争、生命垂危的周恩来忍受着巨大痛苦，发出轻微而清晰的声音“诗词”，工作人员心领神会地拿出新出版的《诗刊》，为他读毛泽东的《水调歌头·重上井冈山》《念奴娇·鸟儿问答》。当听到“不须放屁，试看天地翻覆”[③]时，周恩来高兴地笑了。那是身边医护人员听到的周总理的最后一次笑声。

诗词共勉。1919年3月，周恩来自日本回国前夕，将梁启超《自励》一诗书赠好友王朴山，手书“大江歌罢掉头东”诗赠送同窗张鸿诰，“留为再别纪念，兼志吾

① 中共中央文献研究室、南开大学:《周恩来早期文集(一九一二年十月—一九二四年六月)》(上卷),中央文献出版社、南开大学出版社1998年版,第319页。

② 中共中央文献研究室、南开大学:《周恩来早期文集(一九一二年十月—一九二四年六月)》(上卷),中央文献出版社、南开大学出版社1998年版,第320页。

③《念奴娇·鸟儿问答》(一九六五年秋),《建国以来毛泽东文稿》(第18册),中央文献出版社2023年版,第156页。

意志不坚之过，以自督耳”[①]。戎马倥偬之际，他的“诗情”却未消磨，在给邓颖超的信中，曾写有“望带《唐诗三百首》及《白香词谱》来”[②]“饭后读唐诗数首”[③]等有关诗词的内容，作有“结婚十八载，至友兼爱妻；若云夫妇范，愧我未能齐”[④]等诗句。新中国成立后，日理万机的周恩来对诗词亦有留意。1970年夏天，苦撑危局的周恩来抄录了几句戏文：“做天难做二月天，蚕要暖和参要寒。种菜哥哥要落雨，采桑娘子要晴干。”[⑤]借以浇灭心中块垒、排解内心苦闷，诗词已融入其生活和生命当中。

诗词外交。周恩来是首屈一指的外交家，其诗词外

① 中共中央文献研究室、南开大学：《周恩来早期文集（一九一二年十月——一九二四年六月）》（上卷），中央文献出版社、南开大学出版社1998年版，第411页。

② 中共中央文献研究室：《周恩来邓颖超通信选集》，中央文献出版社1998年版，第13页。

③ 中共中央文献研究室：《周恩来邓颖超通信选集》，中央文献出版社1998年版，第15页。

④ 中共中央文献研究室：《周恩来邓颖超通信选集》，中央文献出版社1998年版，第17页。

⑤ 李洪峰：《周恩来：永远的榜样》，人民出版社2018年版，第106页。

交智慧同样为世人称颂。1972年，周恩来在接待访华的美国总统尼克松时，机智巧妙地运用诗词表明观点。在举行会谈的北京宾馆，他特意安排在餐厅挂了一幅毛主席书写的关于庐山的诗，会谈中向尼克松提到“无限风光在险峰”[①]，你到中国来是冒了一定风险的，尼克松回道“现在我们已经在顶峰了”[②]。他引用毛泽东的《卜算子·咏梅》表达对尼克松的美好祝愿，“你是那个采取主动的人，你也许不会在现在岗位上看到它成功，不过我们当然会欢迎你再来”[③]。同年，他在接待美国客人时还运用过曹操的《龟虽寿》，“烈士暮年，壮心不已”[④]。周恩来通过诗词的灵活运用，体现了重视外交之意，阐明了外交立场，达到了推进外交的目的。

周恩来曾与陈毅在斯特朗75岁祝寿会上打趣，“揭

① 李洪峰：《周恩来：永远的榜样》，人民出版社2018年版，第8页。

② 本书编委会编：《中华人民共和国国史全鉴　第四卷（1967—1976）》，团结出版社1996年版，第4528页。

③ 李洪峰：《周恩来：永远的榜样》，人民出版社2018年版，第7页。

④ 黄丽镛、黄晨：《周恩来读古书实录》，人民出版社2012年版，第179页。

露”陈毅说他“写的根本不是诗”[1]，自嘲“我就不是诗人”[2]。这恰是总理的大胸襟、诗人的大智慧！这种诗词智慧辉映着周恩来的伟大人格，焕发出唤醒人、激励人、温暖人的力量。

（原刊2022年2月25日《学习时报》第1752期A4版“学习文苑”，收入时略有增删）

① 陈鲁民:《周恩来自称不是诗人:作了一首诗被陈毅退了回来》,原载《河北日报》,人民网2013年11月22日转载。

② 陈鲁民:《周恩来自称不是诗人:作了一首诗被陈毅退了回来》,原载《河北日报》,人民网2013年11月22日转载。

李大钊诗歌中的“青春之气”

李大钊是中国共产主义运动的先驱、中国共产党的主要创始人之一。他提出的以“青春中华”为口号的青年思想，激励了亿万中国青年，影响至深。他的诗歌满怀忧国情思，是觉醒的青春宣言；充盈历史担当，是呐喊的青春使命；闪耀思想光辉，是战斗的青春号角。

觉醒的青春

李大钊深刻认识到改变青年的思想对于改变中国的重要性，致力于觉醒青年意识，唤醒青年对国家和民族的担当觉悟，号召青年将国家独立、民族解放作为时代使命，将个人成长与民族复兴伟业紧密相连。

李大钊留世的最早诗篇，是1908年以“筑声剑影楼”署名发表的《登楼杂感（二首）》。他把就读北洋法政专门学校时的小斋命名“筑声剑影楼”，“筑声”出自春秋高渐离以筑击秦皇的典故，彰显崇尚侠义、反帝反清的爱国决心。目睹清廷腐败、民族遭难，李大钊在诗中感慨良多，为身处困境焦愁，渴望找到救国救民谋略，心系民族危亡却苦于乱世中未有作为，发出“一事无成嗟半老，沈沈梦里度春秋”[①]的深深自责和无限愁苦。他借景浇愁，“感慨韶华似水流，湖山对我不胜愁”[②]；对帝国主义侵略者入侵祖国边疆悲愤交加，“惊闻北塞驰胡马，空著南冠泣楚囚”[③]；爱国忧民与报国无门矛盾交织，“家国十年多隐恨，英雄千载几荒邱”[④]；情不自禁放歌当哭，“海天寥落闲云去，泪洒西风独依楼”[⑤]。

① 中国李大钊研究会:《李大钊全集》(第五卷),人民出版社2013年版,第307页。

② 中国李大钊研究会:《李大钊全集》(第五卷),人民出版社2013年版,第307页。

③ 中国李大钊研究会:《李大钊全集》(第五卷),人民出版社2013年版,第307页。

④ 中国李大钊研究会:《李大钊全集》(第五卷),人民出版社2013年版,第307页。

⑤ 中国李大钊研究会:《李大钊全集》(第五卷),人民出版社2013年版,第307页。

李大钊希冀匡时救国的迫切愿望，在诗中跃然纸上。作于1909年岁末的《岁晚寄友（二首）》，先是直抒对辛亥革命推翻清王朝的欢乐情绪，“辽宫昔时燕，今向汉家飞”[①]；旋即沉郁发问，“岁晚军书急，行人归未归”[②]，深沉怀念良友而愁上心头；接着申言壮志，迸发反抗外来侵略的革命热情，“何当驱漠北，遍树汉家旗”[③]，鼓舞有志青年为祖国统一大业矢志奋斗。其好友、素有“关外大侠”称誉的蒋卫平，忠诚捍卫国权，辛亥革命前夕在边疆被敌人杀害。李大钊先后创作《题蒋卫平遗像》《哭蒋卫平（二首）》，悼念好友、礼赞英雄，抒发壮志难酬，“辽东化鹤归来日，燕市屠牛漂泊秋”[④]；用伍子胥的英雄形象，称扬蒋卫平的英雄气概和誓死守边的爱

① 李大钊:《李大钊诗文选集》,人民文学出版社1981年版,第10页。

② 李大钊:《李大钊诗文选集》,人民文学出版社1981年版,第10页。

③ 李大钊:《李大钊诗文选集》,人民文学出版社1981年版,第10页。

④ 李大钊:《李大钊诗文选集》,人民文学出版社1981年版,第6页。

国精神，“千载胥灵应有恨，不教胡马渡江来”[①]；表达美好愿望，“夜夜空江头，似有蛟龙起”[②]，英雄虽逝，但如蛟龙腾飞的英勇气概长存，永远激励着世人。

李大钊始终坚守人民立场，坚持“民族兴亡，匹夫有责”[③]，坚定“即使多么困难，也只能为这一理想而奋斗”[④]，呼吁青年永葆革命志气，立志救国图存，通过不懈奋斗改变国家前途命运。

呐喊的青春

留日期间的李大钊时刻关注国内局势，组织留日学生总会开展爱国斗争，撰写诗文、宣言等寄发国内，呼唤青年为革命理想奋斗到底，“以青春中华之创造为唯一

① 李大钊:《李大钊诗文选集》,人民文学出版社1981年版,第7页。

② 李大钊:《李大钊诗文选集》,人民文学出版社1981年版,第9页。

③ 中国李大钊研究会:《李大钊全集》(第一卷),人民出版社2013年版,第479页。

④ 中国李大钊研究会:《李大钊全集》(第四卷),人民出版社2013年版,第448页。

之使命”[1]。

1915年年底，由于袁世凯的倒行逆施，国内迅速掀起讨袁爱国运动热潮。李大钊毅然决定回国参加护国运动，“乙卯残腊，由横滨搭法轮赴春申，在太平洋舟中作”[2]，写就激扬青春的诗篇，发出矢志报国、再造中华的青春呐喊。诗中流露归国时的忧愤之情，“浩淼水东流，客心空太息”[3]；激励青年怀抱远大理想，“鹏鸟将图南，扶摇始张翼”[4]；鼓舞青年不畏艰难险阻，“一翔直冲天，彼何畏荆棘”[5]；寄望青年立志奋发有为，“相期吾少年，匡时宜努力”[6]；期冀青年共挽国事危艰，

① 中国李大钊研究会：《李大钊全集》（第一卷），人民出版社2013年版，第333页。

② 李大钊：《李大钊诗文选集》，人民文学出版社1981年版，第18页。

③ 李大钊：《李大钊诗文选集》，人民文学出版社1981年版，第18页。

④ 李大钊：《李大钊诗文选集》，人民文学出版社1981年版，第19页。

⑤ 李大钊：《李大钊诗文选集》，人民文学出版社1981年版，第19页。

⑥ 李大钊：《李大钊诗文选集》，人民文学出版社1981年版，第19页。

“男儿尚雄飞，机失不可得”[①]。

1916年春，李大钊返日本江户，逢好友幼蘅准备回国，送行时口占一绝：“壮别天涯未许愁，尽将离恨付东流。何当痛饮黄龙府，高筑神州风雨楼”[②]，表达对政局黑暗的激愤不满和强烈的爱国主义情怀。“壮别天涯未许愁”写出革命者的深邃情感和英雄气概，“壮”字道尽送别离愁和为国大计不作愁的复杂心绪；“尽将离恨付东流”[③]表达坚定奋斗决心，“尽”字彰示抛弃个人情感的革命斗志。“何当痛饮黄龙府”[④]借用岳飞抗金典故，喻示消灭袁世凯定痛饮祝捷，表达对革命胜利的憧憬；“高筑神州风雨楼”[⑤]喻指创建“理想之中华”和纪念革命成功。在送好友相无回国时，他以诗壮志，“斯民正憔悴，

① 李大钊：《李大钊诗文选集》，人民文学出版社1981年版，第19页。

② 李大钊：《李大钊诗文选集》，人民文学出版社1981年版，第20页。

③ 李大钊：《李大钊诗文选集》，人民文学出版社1981年版，第20页。

④ 李大钊：《李大钊诗文选集》，人民文学出版社1981年版，第20页。

⑤ 李大钊：《李大钊诗文选集》，人民文学出版社1981年版，第20页。

吾辈尚蹉跎”[①]，感怀人民饥饿贫困，盼望尽快加入革命运动；“故国一回首，谁堪返太和”[②]，心念国家前途命运，渴望早日扭转乾坤。李大钊的酬答送友诗作既是寄情，更有言志，豪情满怀，气势雄浑，寄寓矢志不渝的革命精神。

李大钊深悟“大凡新命之诞生，新运之创造，必经一番苦痛为之代价”[③]，奋笔创作《青春》，倡扬青年珍惜青春，振奋精神，“以青春之我，创建青春之家庭，青春之国家，青春之民族”[④]。

战斗的青春

五四前后，李大钊致力于研究马克思主义与中国革命问题，创作的新诗成为新文化革命的战斗武器，鼓舞青年追求科学真理，追逐青年意气，用高亢激昂的斗志

① 李大钊:《李大钊诗文选集》,人民文学出版社1981年版,第21页。

② 李大钊:《李大钊诗文选集》,人民文学出版社1981年版,第21页。

③ 中国李大钊研究会:《李大钊全集》(第二卷),人民出版社2013年版,第254页。

④ 中国李大钊研究会:《李大钊全集》(第一卷),人民出版社2013年版,第318页。

和披荆斩棘的锐气扛起时代赋予的历史责任。

李大钊的新诗充满爱国、进取的青春之气。1918年8月，他在家乡昌黎五峰山上写就《山中即景（二首）》，给当时的新诗创作注入一股清流。有别于传统的山水诗和文人骚客的吟咏把玩，这首写景诗在对祖国大好河山的眷恋中，寄寓着对人生、社会的深邃思考，启迪着人们的思想，鼓舞着人们的斗志。诗中由衷赞扬五峰山的美，“是自然的美，是美的自然”[①]；发出深沉的思考和感慨，“绝无人迹处，空山响流泉”[②]，如此美景却无人欣赏，唯有清亮的流泉坚毅前行，这正是革命先驱孤独而奋力前进的心情写照。“云在青山外，人在白云内；云飞人自还，尚有青山在”[③]，充满力量与朝气的山，代表了坚定乐观的革命形象和坚毅强烈的进取精神，他要像五峰山一样无论风云变幻而自坚定矗立。

李大钊发表在《新青年》的白话新诗《欢迎陈独秀

① 中国李大钊研究会:《李大钊全集》(第五卷),人民出版社2013年版,第333页。

② 中国李大钊研究会:《李大钊全集》(第五卷),人民出版社2013年版,第333页。

③ 中国李大钊研究会:《李大钊全集》(第五卷),人民出版社2013年版,第333页。

出狱》，可谓最富青春气息的诗篇，字里行间闪耀着乐观、进取、向上的青春光辉。全诗立场坚定、旗帜鲜明，直抒对反动统治者的憎恨与蔑视，“你今出狱了，我们很欢喜！他们的强权和威力，终竟战不胜真理”[①]；表达对革命真理的坚定信念和对革命前景的胜利展望，“什么监狱什么死，都不能屈服了你；因为你拥护真理，所以真理拥护你”[②]；彰显对革命青年的热情激励和对革命形势的远见卓识，“相别才有几十日，这里有了许多更易”[③]“我们现在有了很多的化身，同时奋起：好像花草的种子，被风吹散在遍地”[④]。作为中国最早的马克思主义传播者，他坚信马克思主义是青年挣脱旧时代枷锁、步入光明、走向胜利的钥匙，写就《我的马克思主义观》，向青年系统阐释马克思主义思想，誓死捍卫马克思主义信仰。

① 李大钊:《李大钊诗文选集》,人民文学出版社1981年版,第32页。

② 李大钊:《李大钊诗文选集》,人民文学出版社1981年版,第32页。

③ 李大钊:《李大钊诗文选集》,人民文学出版社1981年版,第32页。

④ 李大钊:《李大钊诗文选集》,人民文学出版社1981年版,第33页。

“铁肩担道义，妙手著文章。”李大钊亲书的名联是革命生涯的真实写照，他一生的奋斗历程，同马克思主义在中国传播的历史紧密相连，同中国共产党创建的历史紧密相连，同中国共产党领导的为中国人民谋幸福的历史紧密相连。李大钊诗歌如人，人如诗歌，真正实现了“生于青春死于青春”[①]的铮铮誓言。

（原刊2022年8月26日《学习时报》第1830期A4版“学习文苑”，收入时略有增删）

① 中国李大钊研究会:《李大钊全集》(第一卷),人民出版社2013年版,第317页。

李大钊诗歌：一切景语皆情语

李大钊作为中国共产主义运动的先驱，“不仅是一位伟大的革命者和战士，而且是20世纪初我国思想文化界的一位杰出人物”[①]。他在近代文学史上留下了许多脍炙人口的诗歌作品，尤其是写景造诣颇深，工于情景相融的写作手法，借以表达深沉含蓄的内心情感，诗作读来令人感怀、予人启迪。

借景浇愁

青年李大钊目睹当局的昏庸腐朽、亲历列强的侵略掠夺，内心郁积悲愤而不得泄，常常以诗抒情、借景浇愁。

① 王沪宁:《在纪念李大钊同志诞辰130周年座谈会上的讲话》《人民日报》2019年10月28日第3版。

在天津北洋法政专门学校读书期间，他痛感国事日非、民族灾难深重、人民苦不堪言，诗作多赋景以愁思。作于1908年的《登楼杂感》二首中，李大钊对景抒怀，发出“感慨韶华似水流，湖山对我不胜愁”[①]的内心独白，当北塞传来沙俄帝国大肆侵吞祖国边疆的消息，不禁失声悲泣，长歌当哭——“海天寥落闲云去，泪洒西风独倚楼。”[②]“闲云”“西风”等自然景物中融入了他无限的忧愁，既有对清末时局及现实生活的愁苦不满，也饱含在窘迫处境中忧国忧民、崇尚侠义的愁绪与抱负。“万里招魂竟何处？断肠风雨上高楼。”[③]“千载胥灵应有恨，不教胡马渡江来。”[④]在《哭蒋卫平（二首）》里，他盛赞蒋卫平的爱国精神，守卫江头，抵抗侵略者，直至牺牲。他对同学好友的思念，也寄托在景物之中。李

① 中国李大钊研究会:《李大钊全集》(第五卷),人民出版社2013年版,第307页。

② 中国李大钊研究会:《李大钊全集》(第五卷),人民出版社2013年版,第307页。

③ 中国李大钊研究会:《李大钊全集》(第五卷),人民出版社2013年版,第312页。

④ 中国李大钊研究会:《李大钊全集》(第五卷),人民出版社2013年版,第312页。

大钊置身“国破山河在”[1]的景象中，生发出“江山依旧是，风景已全非”[2]的慨叹。由景入诗，思接千载，满腔积愤和憎恨涌上心头，继而写出“九世仇堪报，十年愿未违”[3]。此时的中国正处于内忧外患中，国内动乱不堪，而沙俄则趁机引发战争。“岁晚军书急，行人归未归？”[4]军书紧急，行人未归，这促使李大钊的革命热情再度迸发。旧愁看似已消，接踵而至的却是几许难以尽言的新愁。

1913年夏天，与李大钊同期毕业的尼鼎云、刘锡龄，被北洋政府陆军总部指派押运一批军火送往阿尔泰。“最是多情今夜月，共君犹自出边关”[5]，李大钊月色下送友出征，他对好友的惜别之情和对国运的忧愁之感，就像

① 黄丽镛、黄晨:《周恩来读古书实录》,人民出版社2012年版,第5页。

② 李大钊:《李大钊诗文选集》,人民文学出版社1981年版,第10页。

③ 李大钊:《李大钊诗文选集》,人民文学出版社1981年版,第10页。

④ 李大钊:《李大钊诗文选集》,人民文学出版社1981年版,第10页。

⑤ 中国李大钊研究会:《李大钊全集》(第五卷),人民出版社2013年版,第316页。

今晚这一轮多情的月，牵动人的心扉。之后，离愁未解、意犹未尽的李大钊又写下《前意未尽更赋一律》："策马玉门关，不为儿女颜。悲歌辞易水，壮志出天山。"[①]深念好友身负重责，为国出征；却又不禁试想好友远途跋涉，多觉悲壮。"白草千层雪，黄河九曲湾。遥知肠断处，应有雁飞还。"[②]边塞凄美的景色里，寄寓着他依依惜别的愁情；惆怅之际又情真意切待雁归来，期待好友音信的迫切心情跃然纸上。

"愁尽人天唤奈何，高楼风雨黯笙歌。"[③]几多风雨几多愁，李大钊在诗歌里赋"风雨"这一自然景象以无尽人情，使其成为一个独特的意象，并借此抒发心中的万千愁绪。1916年春，李大钊在日本送友人幼蘅返国，作诗《送幼蘅》："壮别天涯未许愁，尽将离恨付东流。"[④]此时国内袁世凯登基称帝，倒行逆施，人民生活"风雨

① 中国李大钊研究会:《李大钊全集》(第五卷),人民出版社2013年版,第316页。

② 中国李大钊研究会:《李大钊全集》(第五卷),人民出版社2013年版,第316页。

③ 中国李大钊研究会:《李大钊全集》(第五卷),人民出版社2013年版,第322页。

④ 中国李大钊研究会:《李大钊全集》(第五卷),人民出版社2013年版,第327页。

如磐”，两位挚友即将作别于“风雨”中，天各一方，离愁别恨由此抒发。“何当痛饮黄龙府，高筑神州风雨楼。”[①]对当时黑暗统治的深恶痛绝，对革命终将胜利的无限憧憬，表达了李大钊对重振神州华夏的坚定信念与为革命事业奋斗终身的坚强意志。1916年5月中旬，李大钊由日本归国，临行前得友人霍侣白赠诗，抵沪后以诗酬答：“一轮舟共一轮月，万里人怀万里愁。正是黯然回首处，春申江上独登楼。”[②]望月怀远，登楼携愁，此情此景只可有一，不可有二。该诗融情于景，直抒胸臆，既表达了对友人的深情思念，也勉励同道者赓续奋斗，直至革命取得最终胜利。

李大钊并未在愁绪和悲愤中沉沦，而是不断发展以匡时救国为天职的民族民主主义思想，毅然肩负起中国“精神界之伟人”[③]的重任，积极寻求救国为民真理，寻找中国未来的崭新之路。

① 中国李大钊研究会:《李大钊全集》(第五卷),人民出版社2013年版,第327页。

② 中国李大钊研究会:《李大钊全集》(第五卷),人民出版社2013年版,第330页。

③ 朱光灿:《中国现代诗歌史》,山东大学出版社1997年版,第55页。

以景言志

动荡时期，李大钊以诗歌为刀枪，借景表意，抒发矢志救国的豪情壮志；以景言志，激励革命志士图存求新；敢于斗争，寻求救国救民的道路。

1913年7月15日，他于“夕阳影里，笳鼓声中，同友人陟高冈”[1]，有感于“望圆明园故址，只余破壁颓垣，残峙于荒烟蔓草间”[2]，触景吟诗，唏嘘凭吊。圆明园被洗劫后的残破景象引发他深沉感慨，“圆明两度昆明劫，鹤化千年未忍归。一曲悲笳吹不尽，残灰犹共晚烟飞”[3]，夕阳晚照颓垣，唱不尽的悲歌与写不尽的历史劫难；“玉阙琼楼委碧埃，兽蹄鸟迹走荒苔。残碑没尽宫人老，空向蒿莱拨劫灰”[4]，痛陈一片荒芜破败景象，借此抒发目睹家国受列强侵略、迫害后的悲愤心情，斥责英

① 中国李大钊研究会:《李大钊全集》(第五卷),人民出版社2013年版,第318页。

② 中国李大钊研究会:《李大钊全集》(第五卷),人民出版社2013年版,第318页。

③ 中国李大钊研究会:《李大钊全集》(第五卷),人民出版社2013年版,第318页。

④ 中国李大钊研究会:《李大钊全集》(第五卷),人民出版社2013年版,第318页。

法联军和八国联军两次洗劫焚烧圆明园的滔天罪行。是年秋，李大钊在颐和园，由“玉泉流贯颐和园墙根，潺潺有声，闻通三海禁城等处，皆溯源于此”[①]引发遐思，作诗以咏玉泉：“殿阁嵯峨接帝京，阿房当日苦经营。只今犹听宫墙水，耗尽民膏是此声！”[②]他将为慈禧祝寿而修筑的颐和园比作阿房宫，深刻揭露了封建王朝不惜国资民膏修建颐和园的罪恶本质。他借物咏怀，从潺潺的流水声中回溯历史，感慨万分；回到现实，中华民族正处于危急关头。吟咏之间，充满对封建统治者骄奢淫逸、帝国主义侵略者嚣张跋扈的无限憎恨，以及对劳苦人民悲惨命运的深切同情。

1915年12月，由于袁世凯复辟称帝，反日讨袁爱国运动的浪潮迅速席卷全国。在日留学的李大钊毅然决定回国参加护国运动，在从横滨回上海的轮船上，他写下了《乙卯残腊，由横滨搭法轮赴春申，在太平洋舟中作》，抒发壮志豪情。“浩淼水东流，客心空太息。神州

① 中国李大钊研究会:《李大钊全集》(第五卷),人民出版社2013年版,第320页。

② 中国李大钊研究会:《李大钊全集》(第五卷),人民出版社2013年版,第320页。

悲板荡，丧乱安所极。”[①]站在甲板上，他望着太平洋上东流的波涛，联想起即将回到的祖国正处在封建军阀统治和帝国主义侵略下，正如这浩渺无际的大洋中风雨飘摇的船只。归国似客，难掩的激愤心情终究化为叹息。“中宵出江户，明月临幽黑”[②]，虽在异国，却始终忧心忡忡地挂念着国内时局的变化。以天上之“明月”定将照亮“幽黑”之夜空为喻，掷地有声，阐明时局的黑暗只是暂时的，而革命志士的光和热终将照亮祖国大地，抒发了他一往无前的志气与理想。“鹏鸟将图南，扶摇始张翼。一翔直冲天，彼何畏荆棘。”[③]诗作最后，他还不忘激励青年要像鹏鸟振翅高飞那样，不畏前路艰难，奋发有为开辟新天地。

1916年春，返回日本的李大钊在留日学生总会编辑《民彝》杂志并发表《黄种歌》短诗，侠气文墨、铿锵有力，意在警醒业已沉睡的国民，“同人无不举节、赞其气

① 中国李大钊研究会:《李大钊全集》(第五卷),人民出版社2013年版,第323页。

② 中国李大钊研究会:《李大钊全集》(第五卷),人民出版社2013年版,第323页。

③ 中国李大钊研究会:《李大钊全集》(第五卷),人民出版社2013年版,第323页。

概之雄伟”[①]。“洪水纵滔天，只手狂澜。方不负石笔铁砚，后哲先贤。”[②]以滔天洪水指代外有列强欺侮、内有军阀混战的复杂局面，纵围困如斯，却有“只手狂澜”的信念，表达了他冲天的豪情志气；“石笔铁砚”是文人革命者手中战斗的武器，虽然沉重，但唯有此才可以使国家自由独立，他以叱咤风云的英雄气概激励同仁志士奋起战斗。

李大钊没有沉浸在或悲或美的景色里，也没有陷于多元交织的情绪中不能自拔，而是在诗歌多维的借景言志中，不断阐发理性的思考。

赋景以理

李大钊的白话诗自然朴实，清新流畅，抒情状物，刻画入微，清新意境中蕴涵深沉的哲思，充满着五四新文化运动时期的新鲜气息。

作为新文化运动的主要人物之一，李大钊参与《新青年》的撰稿和编辑工作，他与陈独秀、胡适、钱玄同

① 中国李大钊研究会：《李大钊全集》（第五卷），人民出版社2013年版，第326页。

② 中国李大钊研究会：《李大钊全集》（第五卷），人民出版社2013年版，第325页。

等人于1917年共同举起“文学革命”的大旗，改旧文学为新文学，以白话诗替代旧体诗，成为文坛新风尚。《新青年》从1918年1月起改用白话文并刊登新诗，以传播革命思想。李大钊自幼“性乐山”，尤爱家乡昌黎五峰山，生前曾多次登临，留下了斗争的足迹和绝美的诗文。1918年8月，他由京返乡期间再次来到五峰山，写下了他最早的白话组诗《山中即景》，既为写景，也寄沉思。他带着欣赏景色的眼光，看到的“是自然的美，是美的自然”[①]，抬头望天是“云在青山外，人在白云内”[②]，低头看树是“一年一度果树红，一年一度果花落”[③]，诗中透露出一个革命乐观主义者的形象，能欣然发现自然赋予的美。而在景之外，他也有着深邃的思考，“绝无人迹处，空山响流泉”[④]，流泉的绝迹回响映照着他的孤独

① 中国李大钊研究会:《李大钊全集》(第五卷),人民出版社2013年版,第333页。

② 中国李大钊研究会:《李大钊全集》(第五卷),人民出版社2013年版,第333页。

③ 中国李大钊研究会:《李大钊全集》(第五卷),人民出版社2013年版,第333页。

④ 中国李大钊研究会:《李大钊全集》(第五卷),人民出版社2013年版,第333页。

与坚持；“云飞人自还，尚有青山在”[①]，青山的坚定执着寄寓着他的坚韧意志与顽强信念；“借问今朝摘果人，忆否春雨梨花白”[②]，梨花白—果花落—果树红，借与果农的对话写出了树木开花结果的过程，而风吹雨打则是“果”成长的必经之道。“果”既是树上的果实，也是革命胜利的“果实”，从自然之景物现象发现深蕴其中的内涵道理，由此抒发了不畏艰难、接续奋斗以取得胜利果实的革命情怀。1932年，刘半农编辑出版《初期白话诗稿》，将此组诗列为第一篇，可见其在初期白话诗创作中的重要价值。白坚武也曾评价其“佳处颇有司空图诗品风味”[③]。

1919年夏，李大钊的心情颇不平静，五四运动仍在持续，但亲密战友陈独秀却身陷牢狱，自己又受到通缉，不得不离京暂避，携长子李葆华再临五峰山小住。虽然身居山中，远离世俗，但并未停下手上《我的马克思主

① 中国李大钊研究会:《李大钊全集》(第五卷),人民出版社2013年版,第333页。

② 中国李大钊研究会:《李大钊全集》(第五卷),人民出版社2013年版,第333页。

③ 中国李大钊研究会:《李大钊全集》(第五卷),人民出版社2013年版,第334页。

义观》的撰写与《新青年》的编辑工作。繁忙之余，他与农民、樵夫、牧羊人等深入接触，写下白话新诗《岭上的羊》，发表在《少年中国》第1卷。“我在古寺门前站立，小羊的声音来自天际”[①]，采用拟人手法，虚实结合，通过既远又近的跨时空对谈，将自己的思想、情感传导给羊群，从而赋予羊以人的语言和个性，与羊的对话实际上即是与青年的交流。“看啊！岭上的羊，白的掺着黑的，一个一个的都爬上山去。羊啊！我细听你的声音里：纤弱带着仁慈，悲哀含着战慄。你不曾伤过别的东西，你不曾害过你的伴侣；天天只傍着那山水，吃些草叶或是草子；只有你怕人，没有人怕你”[②]，用写实笔法记录了山间的羊群奔跑、跳跃、呼叫、吃草等情景，笔下一帧帧场景的转化中又饱含深刻的寓意。“我不怕你，并且怜你，就是你的胜利”[③]，看到“小羊”不畏山路坎坷、仍旧努力攀登，无害于他人、专注于自己，内

① 中国李大钊研究会:《李大钊全集》(第五卷),人民出版社2013年版,第336页。

② 中国李大钊研究会:《李大钊全集》(第五卷),人民出版社2013年版,第336页。

③ 中国李大钊研究会:《李大钊全集》(第五卷),人民出版社2013年版,第336页。

心不免生出怜悯之意。这可怜的小羊是那个时代的青年学生的象征，弱小且努力、羸弱又勇敢的力量在缓慢发展，终将冲破藩篱，走向胜利！这首白话诗不拘泥于形式，通过创设意境的方式，歌颂青年学生英勇无惧的精神，为青年们一往无前的斗争呐喊提供了支持、指明了方向。《山峰》彰显了革命者的信念操守："一个山峰头，长着几颗[棵]松树。片片的白云，有时把他遮住。白云飞来便去，山峰依然露出。"[①]诗借景明理，正是有变幻无常、来去无影的白云相衬托，才更显山峰的傲然耸立，以及松树的坚韧不拔；又由理及情，诗人显然崇尚山的品质、松的品格，并借以自喻，以彰显坚定不移的革命信念和忠贞不渝的革命操守。《山中落雨》运用象征手法，抒发了自己在迷离的风雨中战斗的心情，"忽然来了一阵烟雨，把四山团团围住，只听着树里的风声雨声，却看不清云里是山是树？水从山上往下飞流，顿成了瀑布"[②]，高山烟雨，飞云流瀑，象征了纷繁复杂的斗争环

① 中国李大钊研究会:《李大钊全集》(第五卷),人民出版社2013年版,第337页。

② 中国李大钊研究会:《李大钊全集》(第五卷),人民出版社2013年版,第338页。

境。“这时候前山后山，不知有多少樵夫迷失了归路”[①]，纵然大环境不容乐观，面对看不清的前路以及路旁迷雾里暗藏着的魑魅魍魉，李大钊并未消极对待，更没有因此归隐山中，而是继续作斗士，直至生命最后。全诗情理交融、点画无痕，寄寓了他对劳动人民的热切关怀和血肉相连的深情厚谊。他关怀的不只是樵夫，更是告诫广大人民群众在风雨中莫要迷失了政治方向。

李大钊是忧国忧民的反帝爱国志士，四处奔波的革命斗争生活，使他获得无限的诗情和灵感，诗歌景中有情、赋情于景、情理交融，既具清新儒雅的风格，又有深沉的思索。鲁迅曾为李大钊的遗著《守常文集》作序："他的遗文却将永住，因为这是先驱者的遗产，革命史上的丰碑……以过去和现在的铁铸一般的事实来测将来，洞若观火！”[②]李大钊完美融合了革命者的人格和学者的

① 中国李大钊研究会:《李大钊全集》(第五卷),人民出版社2013年版,第338页。

② 中国革命博物馆:《回忆李大钊》,人民出版社1980年版,第139页。1980年3月,为纪念和学习伟大的共产主义先驱李大钊同志,人民出版社在中国革命博物馆的帮助下,编辑出版了这本回忆录——《回忆李大钊》,共收入29篇回忆文章。鲁迅先生为《守常文集》写的序,是该书的第17篇。

气质，其诗歌作为重要的遗产，彰显了他山一样的信念、松一样的品格、泉一样的情感，对于当下人们树立和践行正确的世界观、人生观、价值观，具有深邃启迪和深远教益；在近现代革命史上，也葆有永恒意义。

陶铸诗词中的高风劲节

陶铸是卓越的党和国家领导人，杰出的无产阶级革命家。他对松树情有独钟、心怀敬畏，终生践行“松树的风格”[1]，常于戎马倥偬间谈词作诗，抒发革命情怀，激励革命斗志。

“拚将赤血灌春花”[2]

“我对松树怀有敬意的更重要的原因，却是它那种自我牺牲的精神。”[3]陶铸的创作旨趣与革命事业融为一体，

①《陶铸文集》编辑委员会:《陶铸文集》,人民出版社1987年版,第154页。

②《陶铸文集》编辑委员会:《陶铸文集》,人民出版社1987年版,第338页。

③《陶铸文集》编辑委员会:《陶铸文集》,人民出版社1987年版,第154—155页。

擅长以事叙诗，记述革命活动，抒写赤胆忠诚、不怕牺牲的革命精神。

1935年，他在南京的监牢中作《狱中》，控诉国民党的残暴。身着黑衣的看守残忍压迫共产党人，狱友们呼之黑犬，“秋来风雨费吟哦，铁屋如灰黑犬多”[①]；想到水深火热中的百姓和杳无音讯的家人，心急如焚，“国未灭亡人半死，家无消息梦常过”[②]；嘲讽蒋介石的反动政策，怒斥他残害革命力量的丑恶用心，“攘外空谈称绝学，残民工计导先河”[③]；向天哭诉世道昏暗，痛悼遇害志士邓中夏（被捕时化名施义）、罗登贤，“我欲问天何聩聩，漫凭热泪哭施罗”[④]。1937年9月，陶铸经党营救出狱，题诗与战友共勉：“五年狱里艰辛过，一笑昂然对

①《陶铸文集》编辑委员会:《陶铸文集》,人民出版社1987年版,第337页。

②《陶铸文集》编辑委员会:《陶铸文集》,人民出版社1987年版,第337页。

③《陶铸文集》编辑委员会:《陶铸文集》,人民出版社1987年版,第337页。

④《陶铸文集》编辑委员会:《陶铸文集》,人民出版社1987年版,第337页。

镜头。珍重此身须记取，阶级仇恨尚深留！”[①]誓与敌人斗争到底、勇于牺牲的大无畏革命精神跃然纸上。

1938年，他在鄂中组织游击战争时写下《大洪山打游击》，描述冬夜进军情景，游击队向大洪山石板河极速挺进，“寇深日亟已无家，策马洪山踏日斜”[②]；冒着凛冽寒风与侵略者殊死战斗，誓要抗战到底，“风自寒人人自瘦，拚将赤血灌春花”[③]。1940年，他赴延安，途经“沔上”（今属陕西勉县）时拜谒武侯祠，称赞诸葛亮军政才干，“沔上巍峨此庙祠，才高管乐命何之”[④]；遥想他两次出征、两呈“出师表”，感叹他“出师未捷身先死”[⑤]的战斗生涯，感佩其一片赤胆忠心，“车行风雨催

---

①《陶铸文集》编辑委员会:《陶铸文集》,人民出版社1987年版,第337—338页。

②《陶铸文集》编辑委员会:《陶铸文集》,人民出版社1987年版,第338页。

③《陶铸文集》编辑委员会:《陶铸文集》,人民出版社1987年版,第338页。

④《陶铸文集》编辑委员会:《陶铸文集》,人民出版社1987年版,第338页。

⑤ 杜甫《蜀相》。诗曰:“丞相祠堂何处寻,锦官城外柏森森。映阶碧草自春色,隔叶黄鹂空好音。三顾频烦天下计,两朝开济老臣心。出师未捷身先死,长使英雄泪满襟。”

人急，何必低徊两‘出师’”[1]，借诸葛亮表达了自己当时的心境。路过陕西留坝县时，他又瞻仰留侯庙，“停车闲步瞻遗容，敢效亡秦抒所衷”[2]，敬佩张良敢为“亡秦”之事奋不顾身；“遥望延城光万丈，轮声欲起夕阳红”[3]，沐浴着红彤彤的夕阳晚霞，心中豪气充溢，目标坚定地踏上征路。

陶铸曾说，所谓共产主义风格，就是为了人民的利益和事业不畏任何牺牲。在中国革命最艰难的岁月，他无所畏惧，同一切反动势力作坚决斗争，始终冲锋在抗战最前线。

“最是劲松绝壁立”[4]

“每一个具有共产主义风格的人，都应该象松树一样，不管在怎样恶劣的环境下，都能茁壮地生长，顽强

①《陶铸文集》编辑委员会:《陶铸文集》,人民出版社1987年版,第338—339页。

②《陶铸文集》编辑委员会:《陶铸文集》,人民出版社1987年版,第339页。

③《陶铸文集》编辑委员会:《陶铸文集》,人民出版社1987年版,第339页。

④《陶铸文集》编辑委员会:《陶铸文集》,人民出版社1987年版,第346页。

地工作，永不被困难吓倒，永不屈服于恶劣环境。”[1]陶铸既勇立时代潮头，又扎根现实生活，诗词创作紧贴国家、民族、人民之命运，字里行间无不透露着为国为民永不屈服、勇毅前行的意志信念。

1952年，他到广东新会调研，写下《访崖门》。宋臣张世杰奉帝赵昺死守崖门山，后被元军击败，宋臣陆秀夫遂负帝赵昺投海而死，留下了宋朝历史上最为悲壮的一页。如今凭吊英烈却不见“遗碑”，唯有叹惋不已，“太息崖门葬烈魂，遗碑不见吊何言”[2]；战死的英魂永不屈服地长眠于斯，“狂风似为添幽怨，骤雨无须涤旧痕”[3]；历史的车轮滚滚向前，“纵使三臣能复国，也难五族共图存。于今四海同亲日，海水何分上下门”[4]。1958年，陶铸路过虎门，当时海浪阔大、天空云厚，他

①《陶铸文集》编辑委员会：《陶铸文集》，人民出版社1987年版，第155页。

②《陶铸文集》编辑委员会：《陶铸文集》，人民出版社1987年版，第341页。

③《陶铸文集》编辑委员会：《陶铸文集》，人民出版社1987年版，第341页。

④《陶铸文集》编辑委员会：《陶铸文集》，人民出版社1987年版，第341页。

有感而作《舟过虎门》，“飞舟过虎门，浪阔海云深”[①]；颂扬虎门销烟的壮举，当年侵略者的嚣张气焰早已消失殆尽，新中国的建立和发展足以告慰民族英雄关天培、林则徐，“敌氛今已靖，应以慰关林”[②]。

1957年夏，他到广东乐昌检查工作，行至九峰山高处心生感慨，“三十年前我就是经过这里逃出虎口的”。1927年12月，陶铸参加了广州起义，但随后起义惨遭镇压，时景世易，不禁心潮起伏，“三十年前此地过，山头独立恨难磨”[③]，亲历的血海深仇刻骨铭记；“南望羊城狐鼠笑，北投衡岳虎狼多”[④]，站在当年虎口脱险的九峰山头极目南北，仍为鼠雀之辈陷起义于血泊而深感痛恨；中国革命在党的正确领导下取得最终胜利，“挥戈永赖英

①《陶铸文集》编辑委员会：《陶铸文集》，人民出版社1987年版，第343页。

②《陶铸文集》编辑委员会：《陶铸文集》，人民出版社1987年版，第344页。

③《陶铸文集》编辑委员会：《陶铸文集》，人民出版社1987年版，第344页。

④《陶铸文集》编辑委员会：《陶铸文集》，人民出版社1987年版，第344页。

明策，返日终奏胜利歌”[1]，援引“挥戈”“返日”[2]的典故，赞扬坚强勇敢、力挽狂澜的革命豪情；再睹九峰山感到格外青翠，“重睹峰峦青翠甚，桃源从此绝秦苛”[3]，借用理想世界“桃源”来赞歌新时代。1959年，他作《登庐山》追古抚今。苏轼留有“不识庐山真面目”[4]的传世名句，陶铸下笔自带幽默，“庐山真面谁能识？尽在烟云变幻奇”[5]；感叹烟云之奇，“偶见晴空飘白练，忽惊树杪涌清漪”[6]，晴空中飘过白绢般的云朵，树梢上惊现清澈的波纹；忆起朱元璋、陈友谅在鄱阳湖旧事，联想白居易、李白的庐山诗作，愈觉庐山神秘多姿，“朱陈

①《陶铸文集》编辑委员会:《陶铸文集》,人民出版社1987年版,第344页。

② 典故出自《淮南子·览冥训》:“鲁阳公与韩构难,战酣,日暮,援戈而挥之,日为之反三舍。”

③《陶铸文集》编辑委员会:《陶铸文集》,人民出版社1987年版,第344页。

④ 苏轼《题西林壁》。诗曰:“横看成岭侧成峰,远近高低各不同。不识庐山真面目,只缘身在此山中。”

⑤《陶铸文集》编辑委员会:《陶铸文集》,人民出版社1987年版,第346页。

⑥《陶铸文集》编辑委员会:《陶铸文集》,人民出版社1987年版,第346页。

往事增惆怅，白李遗诗添彩姿”[①]；别具慧眼地将目光聚于一株劲松上，“最是劲松绝壁立，崇高风格不须疑”[②]，直抒松树的可贵品格。

陶铸为人刚毅无私如“劲松”，其诗词亦物、亦人、亦事，吟咏之间常借歌赞劲松以明心志。

“心底无私天地宽”[③]

陶铸讴歌松树的乐观主义精神，“你看它无论在严寒霜雪中和盛夏烈日中，总是精神奕奕，从来都不知道什么叫做忧郁和畏惧”[④]。他经历革命洗礼，信念更坚定、意志更顽强，即使在风雨中仍禁不住纵情放歌。

陶铸1967年8月作《满江红·赠斯亮》，勉励女儿要当好革命事业接班人。上阕站在历史唯物主义高度，教诲女儿坚信人民群众才是历史的创造者，“指点江山，有

①《陶铸文集》编辑委员会:《陶铸文集》,人民出版社1987年版,第346页。

②《陶铸文集》编辑委员会:《陶铸文集》,人民出版社1987年版,第346页。

③《陶铸文集》编辑委员会:《陶铸文集》,人民出版社1987年版,第356页。

④《陶铸文集》编辑委员会:《陶铸文集》,人民出版社1987年版,第155页。

无数雄英俊杰”[①]；相信历史前进的车轮不可阻挡，“螳臂挡车终被碎，铁轮滚雷即成辙”[②]；要对革命充满信心，“看全球到处展红旗，莫疑择”[③]。下阕语重心长，教导女儿为人处世，为“女长成，能班接”[④]感到欣慰，满心欢喜，“喜风华正茂，豪气千叠”[⑤]；劝诫女儿心地宽广，以坚贞之心战胜一切困难挑战，“不为私情萦梦寐，只将贞志凌冰雪”[⑥]；告诫女儿勿贪娱，处处小心从事，“羞昙花一现误人欢，谨防跌”[⑦]。陶铸的心潮始终同革命事业相应和，革命利益从来都高于自我利益。

---

①《陶铸文集》编辑委员会:《陶铸文集》,人民出版社1987年版,第354页。

②《陶铸文集》编辑委员会:《陶铸文集》,人民出版社1987年版,第354页。

③《陶铸文集》编辑委员会:《陶铸文集》,人民出版社1987年版,第354页。

④《陶铸文集》编辑委员会:《陶铸文集》,人民出版社1987年版,第354页。

⑤《陶铸文集》编辑委员会:《陶铸文集》,人民出版社1987年版,第354页。

⑥《陶铸文集》编辑委员会:《陶铸文集》,人民出版社1987年版,第354页。

⑦《陶铸文集》编辑委员会:《陶铸文集》,人民出版社1987年版,第354页。

陶铸于1969年11月30日逝世，生前抱病作诗赠妻子曾志，质朴情深，如诉衷肠。他诉说自己的境遇，“重上战场我亦难，感君情厚逼云端”[①]，直抒对爱妻的满腔赞许与无限感念；“病马也知嘶枥晚，枯葵更觉怯霜残”[②]，忠贞不屈、渴求战斗之情力透纸背；诗尾则与妻子共勉，“如烟往事俱忘却，心底无私天地宽”[③]，彰显了无私无畏的宽广胸襟、正气浩然的非凡气度。

陶铸把坚毅的革命意志、纯真的革命情感、高洁的革命思想自然浇注在诗词中，彰显了他自己所具有的崇高的“松树的风格”[④]。

（原刊2024年2月23日《学习时报》第2058期A4版“学习文苑”，收入时略有增删）

---

①《陶铸文集》编辑委员会:《陶铸文集》,人民出版社1987年版,第356页。

②《陶铸文集》编辑委员会:《陶铸文集》,人民出版社1987年版,第356页。

③《陶铸文集》编辑委员会:《陶铸文集》,人民出版社1987年版,第356页。

④《陶铸文集》编辑委员会:《陶铸文集》,人民出版社1987年版,第154页。

夏明翰诗歌中的至爱至恨

夏明翰既是一名忠诚的共产主义战士，也是一位“文艺青年”。他擅长以诗歌为武器，抒写爱憎，彰明信念，迸发敢爱敢恨的战斗力量，洋溢冲锋在前的壮志豪情，高唱信仰赞歌，谱写共产党人的赤胆忠心。

“我赞梅花斗雪开”

夏明翰出身书香门第，自幼诗才敏捷，早期创作的诗歌中就已显露出爱憎分明、坚定执着的优秀品质。

孩童时期，他曾以盛开的梅花为题，口占“世人皆颂牡丹艳，我赞梅花斗雪开”[①]，不恋娇艳富贵的牡丹，独爱“香自苦寒来”的梅花，显露不畏严寒的傲然风骨，

① 萧三：《革命烈士诗抄》，中国青年出版社2011年版，第221页。

萌发“斗雪开”的懵懂斗争意识。他随母亲乘外轮由武汉至九江，眼见洋人飞扬跋扈、颐指气使，肆意呵责中国乘客，触景感怀、愤愤不平地念出“洋船水上漂，洋旗空中飘。洋人耍威风……”[①]，经由母亲帮助将“耍威风”改为“逞淫威”，续上“国耻恨难消”，成就后世称颂的经典儿童诗歌作品。“洋船”“洋旗”“洋人”，生动形象地刻画了洋势力的丑恶嘴脸，字里行间流露出切齿之恨。

1917年春，夏明翰考入湖南省立第三甲种工业学校，在校期间热衷参加爱国运动，曾现场创作一幅讽刺画并题打油诗：“眼大善观风察色，嘴阔会拍马吹牛，手长能多捞名利，身矮好屈膝叩头”[②]，浅显易懂而幽默诙谐地揭露了反动军阀政客只顾自己升官发财、不管人民死活、罔顾国家命运、献媚帝国主义列强的卖国嘴脸。夏明翰积极追求进步，在一次查禁日货斗争中，因焚毁思想保守的祖父珍藏的日货而被禁足在家，趁夜破窗逃出，临走还砍了一棵象征官亨财旺的桂树，留下因“爱”出走、“恨”别封建家庭的“叛逃”佳话。何叔衡诗赞：“神州

① 萧三:《革命烈士诗抄》,中国青年出版社2011年版,第221页。

② 吕芳文、蒋薛:《夏明翰》,人民出版社1984年版,第24页。

遍地起风雷，投身革命有作为；家法纵严难锁志，天高海阔任鸟飞。”[①]毛泽东戏称他“比《红楼梦》中的贾宝玉强多了”[②]，并亲自培养、教育和介绍其入党。

踏上革命征程后，光辉短暂的斗争生涯，处处彰显出夏明翰“斗雪开”的革命意志。

“吾辈齐奋起”

夏明翰敢爱敢恨、忠肝义胆的战斗精神，感染着身边的战友，鼓舞着革命者的斗志，激励着爱国志士参加革命的热情。

1920年，他投身驱逐湖南军阀张敬尧的“驱张运动”。6月，湖南人民驱张成功，他喜作《民谣》：“张毒心藏刀，治湘一团糟。杀人又放火，民众怨声高。吾辈齐奋起，驱张胆气豪。张毒如老鼠，夹起尾巴逃”[③]，将张氏贪婪残暴的恶行公诸于世，借驱张的冲天豪气抒发奋起冲锋的战斗豪情。1922年1月，军阀赵恒惕杀害湖南劳工会领袖黄爱、庞人铨，他挥泪写就《江上的白

① 吕芳文、蒋薛：《夏明翰》，人民出版社1984年版，第61页。

② 吕芳文、蒋薛：《夏明翰》，人民出版社1984年版，第65页。

③ 萧三：《革命烈士诗抄》，中国青年出版社2011年版，第221页。

云》，以白云喻指军阀反动势力、血光寓示革命先烈的血，向湘江楚天哭诉，痛斥反动政府的罪恶行径。“江上的白云，一层一层堆起来。抬头望去，简直分不清东、西、南、北”[①]，唱出了中国早期工人运动的悲壮战歌；“前面的血光快暗了，后面的热泪又海放江奔”[②]，哭出了沉痛悼念无产阶级勇猛战士的激情挽词；“我们的先锋，已经向前去了，我们应该庆祝，应该悲悼”[③]，抒发了在时代洪流中献身革命的纯真愿望。他始终保持革命乐观主义精神，当挚友郭亮以剑打趣作“一方宝剑帐头挂，大鬼小鬼休进来”[④]，便欣然应诗“斩尽妖魔平天下，山河日月重安排”[⑤]，尽显幽默风趣与英雄气概。

1925年，他下乡指导农民开展平粜斗争，目睹多地

① 萧三:《革命烈士诗抄》，中国青年出版社2011年版，第221—222页。

② 萧三:《革命烈士诗抄》，中国青年出版社2011年版，第222页。

③ 萧三:《革命烈士诗抄》，中国青年出版社2011年版，第222页。

④ 萧三:《革命烈士诗抄》，中国青年出版社，2011年版，第228页。

⑤ 萧三:《革命烈士诗抄》，中国青年出版社，2011年版，第228页。

连月不雨，农民缺吃缺喝甚至举家逃荒，而地主却囤积居奇、罔顾生灵，遂有感而作《童谣》：“民家黑森森，官家一片灯。民家锅朝天，官家吃汤丸。”[①]谴责贫富不均和民不聊生，群众广为传诵。他走访一户叫周远明的农家，得知其家人饿死病死过半却迷信“八字不好，生来命苦”，便声称自己会算命，根据周远明的八字开导“壬午属马，马善被人骑，人善被人欺，若想不受欺和压，就要团结齐努力”[②]，作诗劝慰“腊月生来天气寒，无柴无米难过关，要想吃饱身上暖，除非荒年换了天”[③]。经过耐心巧妙的说服教育，周远明逐渐提高觉悟，积极投身农民运动。

革命艰难时期，他用坚贞的信仰之光，既照亮了自己，也照亮了别人。

“但愿君心似我心”

夏明翰至爱至恨、大仁大义的精神品格，以诗歌见证，至死不渝。

---

① 萧三：《革命烈士诗抄》，中国青年出版社2011年版，第10页。

② 吕芳文、蒋薛：《夏明翰》，人民出版社1984年版，第117页。

③ 吕芳文、蒋薛：《夏明翰》，人民出版社1984年版，第117页。

1926年农历九月，毛泽东做媒，夏明翰和郑家钧结为恩爱夫妻。他精心挑选一颗小红珠送给妻子，赋诗“我赠红珠如赠心，但愿君心似我心”[①]，誓言对革命永葆忠诚。他为女儿取名“赤云”，寄托自己的革命理想，喻示革命事业代代传承。1927年“四一二”反革命政变后，他激愤于国民党反动派血腥屠杀，怒作“越杀胆越大，杀绝也不怕。不斩蒋贼头，何以谢天下”[②]，申言共产党人是杀不绝的，激发战友的革命斗志。他时刻不忘振奋人们的精神，“现在革命处于低潮时期，我们更应坚定乐观。有润芝（指毛泽东同志）在，我们就不怕”[③]，并出诗谜让大家猜，“一车只装一斤（斩），好个草包将军（蒋）。两个小孩相助（示），又来三个大人（众）”[④]，以鼓舞士气。

1928年初，28岁的夏明翰任中共湖北省委常委，由

① 萧三：《革命烈士诗抄》，中国青年出版社2011年版，第222页。

② 萧三：《革命烈士诗抄》，中国青年出版社2011年版，第223页。

③ 萧三：《革命烈士诗抄》，中国青年出版社2011年版，第224页。

④ 萧三：《革命烈士诗抄》，中国青年出版社2011年版，第222—223页。

于叛徒出卖，3月18日在武汉被捕。“同志们曾说世上唯有家钧好，今日里才觉得你是巾帼贤。我一生无愁无泪无私念，你切莫悲悲凄凄泪涟涟，张眼望，迷人世，几家夫妻偕老有百年？抛头颅、洒热血，明真早已视等闲。各取所需终有日，革命事业代代传。红珠留着相思念，赤云孤苦望成全，坚持革命继吾志，誓将真理传人寰！”[①]生离死别前，他给妻子留下诗词家书，用嘴唇和着鲜血印上深深的血吻，印证了革命者的侠骨柔情和革命爱情的忠贞不渝，表现出坚定的革命意志和视死如归的精神境界。3月20日早上被杀害前，他仰天一笑、奋笔写下大义凛然、广传后世的就义诗，“砍头不要紧，只要主义真”[②]，彰显他视死如归的大无畏精神，一片丹心化作气壮山河的铮铮誓言；“杀了夏明翰，还有后来人”[③]，坚信革命必胜，他用鲜血和生命捍卫了坚如磐石的共产主义信仰。

①《民族脊梁》编写组：《民族脊梁：100位为新中国成立作出突出贡献的英雄模范人物》，人民出版社2009年版，第589页。

② 萧三：《革命烈士诗抄》，中国青年出版社2011年版，第10页。

③ 萧三：《革命烈士诗抄》，中国青年出版社2011年版，第10页。

“我一生无遗憾，认定了共产主义这个为人类翻身解放造幸福的真理，就刀山敢上，火海敢闯，甘愿抛头颅，洒热血！”[1]诗亦人生，夏明翰以诗明志，用诗战斗，挥毫吟咏间，无不彰显其赤诚为党、忠心为民、甘为共产主义远大理想英勇献身的崇高境界。

（原刊2023年4月14日《学习时报》第1926期A4版“学习文苑”，收入时略有增删）

①《民族脊梁》编写组著，《民族脊梁：100位为新中国成立作出突出贡献的英雄模范人物》，人民出版社2009年版，第589—590页。

方志敏诗歌中的“小我”与“大我”

方志敏的诗歌集中创作于他走上革命道路期间（1922—1923），以及1935年牺牲前夕，从中可见他在革命艰难时期的深邃思考和崇高信仰，诗中处处闪耀着“牺牲小我，成就大我”的精神品格。

悲天悯人：把“小我”融入“大我”

方志敏出身贫寒，自幼经历艰辛坎坷、尝尽人间疾苦，这使得他对劳动大众的苦难感同身受，自觉将“小我”融入追求人民幸福的“大我”之中，刻苦求学、投身革命，坚定了为人民求解放、谋幸福的初心使命。

在九江南伟烈学校读书期间，他牵头开展阅读进步报刊的读书活动，参与领导反对“华盛顿会议”的爱国运动，发起成立揭露帝国主义文化侵略的“非基督教大同盟”[1]小组，引起北洋军阀的敌视。1922年夏，他愤而退学回到家乡弋阳县法雨寺养病。肺病、呕血的恶疾和贫穷的现实，使他愈发感到压抑，作《呕血》以吐心中块垒：“我这般轻轻年纪，就应该呕血吗？”[2]质问暗黑的世界；“我为家庭虑；我为求学虑；我又为无产而可怜的兄弟们虑。万虑丛集在这个小小的心儿里，哪能不把鲜红的血挤出来呢？”[3]青年革命者爱国爱民的心，殚精竭虑到滴血；“无产的人都应该呕血的……何止我这个羸弱的青年；无产的人不呕血，难道那面团团的还会呕血吗？”[4]矢志探寻现实问题的答案，力图为人民、为中国谋求改变。“读书不成，只为家贫，千万人贫而失学，何只我方志敏一人”[5]，他只身漂泊上海，毅然踏上爱国救国的革命征途。

他深切同情劳动者，《哭声》以灵魂体验悲鸣痛呼，

① 石凌鹤、李希文、石蔚春：《方志敏传》，人民出版社1991年版，第15页。

② 方志敏：《方志敏全集》，人民出版社2012年版，第221页。

③ 方志敏：《方志敏全集》，人民出版社2012年版，第221页。

④ 方志敏：《方志敏全集》，人民出版社2012年版，第221—222页。

⑤ 石凌鹤、李希文、石蔚春：《方志敏传》，人民出版社1991年版，第16页。

“他们呜咽的、悲哀的而且时时震颤的声音，越侧耳细心去听，越发凄楚动人了”[①]；用心倾听民间疾苦，“我们血汗换来的稻麦，十分之八被田主榨取去了，剩的些微，哪够供妻养子”[②]；为最底层人民悲壮呐喊，“我们牛马一般的在煤烟风尘中做做输运，奔走，每日所得不过小洋几角，疾病一来，只好由死神摆布去了”[③]；感慨劳动大众的无奈与不甘，“狂暴的恶少，视我们为娱乐机械，又来狎弄我们了”[④]；揪心未来力量的质朴发问，“我们刚七八岁，就给放牛作工去吗”[⑤]；民生悲悯是吹向革命青年的战斗号角，“青年人，可爱的青年人，你不援救我们还希望谁”[⑥]；勇毅回应人民的哭诉，“我应该援救你们，我同着你们去”[⑦]，激励有志青年勇立潮头，担负救国救民重任。

---

① 方志敏:《方志敏全集》,人民出版社2012年版,第219页。

② 方志敏:《方志敏全集》,人民出版社2012年版,第219页。

③ 方志敏:《方志敏全集》,人民出版社2012年版,第219页。

④ 方志敏:《方志敏全集》,人民出版社2012年版,第219页。

⑤ 方志敏:《方志敏全集》,人民出版社2012年版,第219页。

⑥ 方志敏:《方志敏全集》,人民出版社2012年版,第219页。

⑦ 方志敏:《方志敏全集》,人民出版社2012年版,第220页。

洞见现实：用“大我”救国救民

方志敏历经辛亥革命、五四学潮、国民革命、抗日反蒋浪潮，始终站在大动荡、大变革、大危难的风口浪尖，以心怀“大我”的爱国爱民情怀不断思考国家前途、民族命运和人民幸福。

他极端厌恶和仇恨黑暗的现实，《血肉》用寓意的笔法倾吐心中愤懑：“伟大壮丽的房屋，用什么建筑成功的呢？血呵肉呵！铺了白布的餐桌上，摆着的大盘子小碟子里，是些什么呢？血呵肉呵！装得重压压地铁箱皮箱，里面是些什么呢？血呵肉呵！”[①]揭示出统治阶级享用的一切皆由劳动人民用血肉创造的黑暗现实，谴责社会的不公。

他苦苦思索救国救民之道，感愤于旧社会的罪恶创作了《快乐之神》，“快乐之神，你在哪里？我寻你好久了呵”[②]，通过跨时空对话，深刻反思残酷的现实，激发革命者的斗志，呼唤理想社会的到来。他自嘲22岁的年纪却像32岁，“脸儿黄瘦了——额上还鼓起两条很粗的青

① 方志敏：《方志敏全集》，人民出版社2012年版，第234页。

② 方志敏：《方志敏全集》，人民出版社2012年版，第235页。

筋；皮肤起了些皱纹；黑发丛里，长出了好几根白发”[①]。雪上加霜的还有吐血的顽疾，“昨天晚上，我又吐血呀——鲜红的足足有一碗余”[②]。他不禁发出感叹，“快乐之神，我的生命，是走到最危险的境地了！我所以如此，就是你不和我同在”[③]，这是青年革命者的自画像，体现了他刚毅的品格和不畏牺牲的精神。他游走在危险的边缘，“可怜的青年，我何尝不愿亲就你呢？只是在你周围的地方，有许多许多凶狠狠的恶魔……我怕闯入你的悲惨的世界呀”[④]，却从未放弃思考，誓要改变这人吃人的社会！

献身革命：成就“大我”与“小我”

爱国救国是方志敏的人生原点，指引着他深刻思考现实问题、竭力求索革命前途、毕生扎根革命实践，积极成就“大我”与“小我”。

他用《我的心》真情告白：“挖出我的心来看吧！我

① 方志敏：《方志敏全集》，人民出版社2012年版，第235页。
② 方志敏：《方志敏全集》，人民出版社2012年版，第236页。
③ 方志敏：《方志敏全集》，人民出版社2012年版，第236页。
④ 方志敏：《方志敏全集》，人民出版社2012年版，第236页。

相信有鲜血淋漓，从彼的许多伤痕中流出！”[①]虽历身心磨难，但对党的赤诚、对人民的炽爱始终如一；“生我的父母呵，同时代的人们呵，不敢爱又不能离的妻呵！请怜悯我！请宽恕我！不要再用那锐利的刀儿，去划着刺着，我只有这一个心呵！”[②]心系亲人、也忧世人，祈盼人民安好，这是痛彻心扉的忧，更是刻骨铭心的爱。《同情心》抨击人吃人的黑暗社会，“在无数的人心中摸索，只摸到冰一般的冷的，铁一般的硬的，烂果一般的坏的，它，怎样也摸不着了”[③]，揭露反动统治阶级的腐朽糜烂；“把快要饿死的孩子的口中的粮食挖出，来喂自己的狗和马；把雪天里立着的贫人的一件单衣剥下，抛在地上践踏；他人的生命当膳飨，他人的血肉当羹汤，啮着喝着，还觉得平平坦坦”[④]，谴责黑暗势力的残酷无情，同情贫苦大众的尊严尽失。“爱的上帝呀，你既造了人，如何不给个它”[⑤]，寻求改变没有“同情心”的社会成为他毕生的追求。

① 方志敏:《方志敏全集》,人民出版社2012年版,第238页。

② 方志敏:《方志敏全集》,人民出版社2012年版,第238页。

③ 方志敏:《方志敏全集》,人民出版社2012年版,第239页。

④ 方志敏:《方志敏全集》,人民出版社2012年版,第239页。

⑤ 方志敏:《方志敏全集》,人民出版社2012年版,第240页。

1934年12月，谭家桥战役失利，他率领部队转移，途经皖南柯村时写下“握紧搀枪，任它风浪”[①]，教育红军干部要坚持斗争。次年1月，部队行至浙赣交界的南华山，正值大雪，他有感于雪压翠竹，即景吟诗：“雪压竹头低，低下欲沾泥。一朝红日起，依旧与天齐。”[②]抒发了革命必胜的信念，充满革命的乐观主义精神和大无畏的英雄气概。“大我”的思想境界使他从来无畏于“小我”的艰难困苦，“我加入了共产党，从此我的一切乃至生命都交给党去了”[③]。在狱中，他忧心国家存亡，以“共产主义的殉道者”向死而歌：“敌人只能砍下我们的头颅，决不能动摇我们的信仰！因为我们信仰的主义，乃是宇宙的真理！为着共产主义牺牲，为着苏维埃流血，那是我们十分情愿的啊！”[④]充溢坚如磐石的信仰力量，

① 沈传亮:《百年大党的17个关键词》,人民出版社2021年版，第87页。

② 沈传亮:《百年大党的17个关键词》,人民出版社2021年版，第87页。

③ 沈传亮:《百年大党的17个关键词》,人民出版社2021年版，第87页。

④ 方志敏:《方志敏全集》,人民出版社2012年版,第141页。

"愿消天下苍生苦，尽入尧云舜日中"[1]的理想抱负，伴随"全世界无产者联合起来"的怒吼，化为波澜壮阔的时代进程。

郭沫若诗赞方志敏曰："千秋青史永留红，百代难忘正学功。纵使血痕终化碧，弋阳依旧万株枫。"[2]作为老一辈革命家的崇高典范，方志敏的诗歌充分彰显了"小我"的品质与"大我"的境界，是共产党人人格力量的重要源泉。

（原刊2023年1月6日《学习时报》第1887期A4版"学习文苑"，收入时略有增删）

① 中共中央组织部党员教育中心：《信仰：我们的故事》，人民出版社2013年版，第220页。

② 李秉荣：《中国工农红军全传》（五），人民出版社2007年版，第3374页。

于方舟诗词中的济世情怀

于方舟，本名兰渚，又名芳洲，天津五四运动的杰出领导者之一，天津早期党团组织的重要负责人。他以诗词自警自励，愿作“渡人之舟”[①]，以毕生精力渡己、渡人，誓要救国救民。

“方舟负任一何重”[②]

于方舟1900年“出生于河北省宁河县俵口村（现属天津市）一个农民家庭”[③]，受到父母反帝爱国思想的熏

① 政协天津市宁河县委员会:《宁河名人》(宁河文史资料 第七辑),天津人民出版社2002年版,第5页。

② 政协天津市宁河县委员会:《宁河名人》(宁河文史资料 第七辑),天津人民出版社2002年版,第5页。

③《革命烈士传》编辑委员会:《革命烈士传》(第二集),人民出版社1987年版,第156页。

陶，中学期间就立下了以天下为己任的革命志向。

1917年秋，他考入天津直隶省立第一中学，在校期间担任《进修》周刊编辑，发表进步作品，唤醒人们奋起反抗。他目睹外敌入侵、军阀混战、人民饥寒交迫，创作《方舟歌》自期自奋，并改名“方舟”，“以方舟名，盖以渡人之舟，窃自期也”[①]。他深感国家内忧外患、风雨飘摇，“狂澜四面严相逼，群生彼岸须舟亟”[②]，心系天下苍生，“方舟负任一何重？方舟遭境一何逆”[③]，立下远大抱负，“努力壮尔神，努力执尔舵”[④]，勇立革命潮头，“苍茫大海中，方舟一叶如萍梗”[⑤]，矢志拯救中华民族于水火，“战胜眼前魔，何愁沧海阔”[⑥]。

① 政协天津市宁河县委员会:《宁河名人》(宁河文史资料 第七辑),天津人民出版社2002年版,第5页。

② 政协天津市宁河县委员会:《宁河名人》(宁河文史资料 第七辑),天津人民出版社2002年版,第5页。

③ 政协天津市宁河县委员会:《宁河名人》(宁河文史资料 第七辑),天津人民出版社2002年版,第5页。

④ 政协天津市宁河县委员会:《宁河名人》(宁河文史资料 第七辑),天津人民出版社2002年版,第5页。

⑤ 于方舟:《方舟歌》,见《宁河县志》,天津社会科学院出版社1991年版,第783页。

⑥ 政协天津市宁河县委员会:《宁河名人》(宁河文史资料 第七辑),天津人民出版社2002年版,第5页。

1919年五四运动爆发，他积极投身反帝爱国斗争洪流，创作了多首竹枝词，生动再现天津的世态人情和革命场景。他无情嘲讽和谴责租界的丑恶现象，“安福官僚多如狗，直奉政客满街走，逃命司令闹妓院，败仗将军醉酒楼”[①]；深感民不聊生，忧心如焚，“沧溟波含泪，肠断海河边”[②]。他率先成立学生救国团，加入爱国游行运动大潮，“口号惊天呼打倒，声声深入人心中”[③]。他和邓颖超、郭隆真等人上街演讲，号召人们奋起救国，“既无刀来又无枪，爱国演说血满腔”[④]。他参与领导天津学生罢课斗争，推动商会罢市、工人罢工，“罢工工人桥上过，愤怒如同午时潮”[⑤]。他组建进步团体“新生社”、创办《新生》杂志，和周恩来领导的“觉悟社”一

---

① 河北省民政厅:《河北革命烈士史料》(第二集),河北人民出版社1962年版,第30页。

② 河北省民政厅:《河北革命烈士史料》(第二集),河北人民出版社1962年版,第28页。

③ 河北省民政厅:《河北革命烈士史料》(第二集),河北人民出版社1962年版,第28页。

④ 河北省民政厅:《河北革命烈士史料》(第二集),河北人民出版社1962年版,第29页。

⑤ 河北省民政厅:《河北革命烈士史料》(第二集),河北人民出版社1962年版,第29页。

起，团结进步青年，传播革命真理。天津各界成立“救国十人团”，掀起抵制日货运动，“标语条条贴家家，传单飞舞赛雪花”[①]。他组织“救国跪哭团”，激发民众的爱国热情，“开开铺面白了天，忽然进来跪哭团，先听演说亡国惨，就是铁人也心酸”[②]，时人皆颂“谁人不识于兰渚，奸商最怕‘跪哭团’”[③]。1920年1月23日，魁发成洋货庄勾结日本人殴打学联检查员[④]，各界代表同省公署交涉遭无理拘押，他激愤抒怀：“代表天津人百万，誓死不当亡国奴！”[⑤]1月29日，数千爱国学生请愿，再遭野蛮镇压，周恩来、于方舟等请愿代表被捕，在狱中进行了坚决的斗争。于方舟豪迈挥就《浣溪沙》，彰显革命

---

① 河北省民政厅:《河北革命烈士史料》(第二集)，河北人民出版社1962年版，第28页。

② 河北省民政厅:《河北革命烈士史料》(第二集)，河北人民出版社1962年版，第29页。

③ 河北省民政厅:《河北革命烈士史料》(第二集)，河北人民出版社1962年版，第17—18页。

④ 中共中央文献研究室:《周恩来年谱(一八九八——一九四九)》(修订本)，中央文献出版社1998年版，第38、39、43页。

⑤ 河北省民政厅:《河北革命烈士史料》(第二集)，河北人民出版社1962年版，第30页。

的坚定决心，“标语传单未写够，牢外同学平安否”[①]；创作《浪淘沙》抒发心中愤慨，彰显无畏牺牲的英雄气概，“千古做完人，震撼三津，爱国不怕进狱门”[②]。7月17日，反动当局被迫释放被捕学生。

经历五四运动洗礼，于方舟更加坚信人民的伟大力量，坚定救国为民的决心，为走上有组织的革命道路打下坚实的思想基础。

“泪有干时血不干”[③]

于方舟秉持追求革命真理、拯救民族危亡的崇高理想，在李大钊的启迪和影响下，建立起对共产主义的信仰。

他离开学校回到家乡宣传革命道理，组织农民进行斗争，领导了宁河农民抗税斗争，走上与工农结合的革命道路。他作《贫苦农家》为劳苦大众鼓与呼，“晓夜结

① 河北省民政厅：《河北革命烈士史料》（第二集），河北人民出版社1962年版，第24页。

② 河北省民政厅：《河北革命烈士史料》（第二集），河北人民出版社1962年版，第24—25页。

③ 河北省民政厅：《河北革命烈士史料》（第二集），河北人民出版社1962年版，第26页。

网再编筐，辛勤那畏日初长”[①]；深深同情老百姓的凄苦，“怒号金风凉如刃，尚着单衫未换裳”[②]；控诉社会的不公，“不平寒天指肤裂，盛世赋完又催粮”[③]。他亲历天津水灾，“赴津郊沿堤西南行，至暮始归”[④]，有感而作《水灾杂诗》，揭示贫富不均的社会问题，“十万耕夫漂泽国，罗绮豪富迁蓬莱”[⑤]；激愤于官僚的腐败，“多年百姓受饥荒，恶吏贪残胜虎狼”[⑥]；牵挂受灾受难的人民，“网罟空忙鱼虾少，半筐荒草牧童归”[⑦]。他联系北京马克思主义研究会，在李大钊的帮助指导下，学

① 河北省民政厅:《河北革命烈士史料》(第二集),河北人民出版社1962年版,第26页。

② 河北省民政厅:《河北革命烈士史料》(第二集),河北人民出版社1962年版,第27页。

③ 河北省民政厅:《河北革命烈士史料》(第二集),河北人民出版社1962年版,第27页。

④ 河北省民政厅:《河北革命烈士史料》(第二集),河北人民出版社1962年版,第27页。

⑤ 河北省民政厅:《河北革命烈士史料》(第二集),河北人民出版社1962年版,第27页。

⑥ 河北省民政厅:《河北革命烈士史料》(第二集),河北人民出版社1962年版,第28页。

⑦ 河北省民政厅:《河北革命烈士史料》(第二集),河北人民出版社1962年版,第28页。

习马克思主义理论，在天津成立马克思主义研究会，组建社会主义青年团，推动马克思主义在天津的传播。

1922年，他化名于绍舜考入南开大学文科，边学习边从事革命活动[①]。他时常感叹严酷的社会现实，“大好河山似锦，军阀混战乾坤”[②]；唤醒国人的爱国热情，“神州破碎金瓯损，津沽烈火风云”[③]。每念及此，他再难捧书静读，“窗明几静思多快，国破民悬意转烦”[④]，革命的迫切心情跃然纸上。他恢复建立天津学联，起草《天津学生联合会宣言》，践行“爱国不忘求学，求学不忘爱国”[⑤]，激励有志青年行动起来。1923年，于方舟经李大钊介绍加入中国共产党，以马克思主义者的战斗姿

---

①《革命烈士传》编辑委员会:《革命烈士传》(第二集),人民出版社1987年版,第157页。

② 河北省民政厅:《河北革命烈士史料》(第二集),河北人民出版社1962年版,第25页。

③ 河北省民政厅:《河北革命烈士史料》(第二集),河北人民出版社1962年版,第25页。

④ 政协天津市宁河县委员会:《宁河名人》(宁河文史资料 第七辑),天津人民出版社2002年版,第14页。

⑤ 中共天津市委党史资料征集委员会,天津市妇女联合会:《邓颖超与天津早期妇女运动》,中国妇女出版社1987年版,第173页。

态更加自觉地献身无产阶级革命事业。他感怀艰难时局，“前途举首正悠悠，冥想徒添无限愁”[①]；坚定革命意志，“幸有余年堪努力，明年再看此方舟”[②]；始终不忘激励自己、鼓舞他人，“一行热血千行泪，泪有干时血不干”[③]；彰示永不放弃的斗争决心，“莫因逆境生悲感，且把从前作死看”[④]。

邓颖超曾说：“于方舟是新生社中心领导人之一，他经过五四新思潮的影响，便成为我们那批人当中入党最早的一个，是天津党组织最早的成员之一。”[⑤]他就像革命洪流中一叶渡人之舟，永远冲在最前面，不知疲倦地奔波。

---

① 河北省民政厅：《河北革命烈士史料》(第二集)，河北人民出版社1962年版，第25页。

② 河北省民政厅：《河北革命烈士史料》(第二集)，河北人民出版社1962年版，第25页。

③ 河北省民政厅：《河北革命烈士史料》(第二集)，河北人民出版社1962年版，第26页。

④ 河北省民政厅：《河北革命烈士史料》(第二集)，河北人民出版社1962年版，第26页。

⑤ 天津档案方志网，“邓颖超回忆觉悟社的点滴”，https://www.tjdag.gov.cn/zh_tjdag/ztzl/zthd/jnwsydybzn/1596711678782.html，2019年4月30日。

“风雨同舟三百里”[①]

于方舟积极促成统一战线，发动工人和各界群众投入国民革命运动，推动大革命在天津的兴起。

1924年1月，他遵照党的指示出席了国民党第一次全国代表大会，当选为国民党中央执行委员会候补委员，回津后帮助国民党成立直隶省党部，成为主要负责人。为适应革命形势发展需要，他领导重建中国社会主义青年团天津地委、成立中共天津地委，推动成立天津各界人民国民会议促成会。他组织领导宣传活动，从城市到农村，形成国民会议运动高潮，以党团员为骨干的反帝运动大同盟、非基督教大同盟、妇女联合会等群团组织迅速建立起来，有力推动了革命斗争。

五卅惨案的消息传至天津，以于方舟为首的中共天津地委迅速组织起来，发动学生罢课、工人罢工、商人罢市，“省长衙门添卫兵，巡警街头打学生。日本租界架大炮，六大纱厂罢了工”[②]，掀起了反帝斗争高潮。他和

① 河北省民政厅:《河北革命烈士史料》(第二集),河北人民出版社1962年版,第26页。

② 河北省民政厅:《河北革命烈士史料》(第二集),河北人民出版社1962年版,第29—30页。

赵世炎、李季达等人领导开展全省农运工作，1925年夏在位于安新县城南的端村（今属河北雄安新区）召开大会。党派辛璞田等人具体组织，于方舟亲自护送，赠诗共勉，“风雨同舟三百里，他日归来共此航”[①]，互相激励，“邵家园边欢相送，要凭双手扭乾坤”[②]。1926年春，奉系军阀卷土重来[③]，疯狂残害革命人士，破坏党的组织。为武装反抗国民党反动统治，1927年10月北方局制定《北方暴动计划》[④]，决定在京津地区发动大暴动。于方舟根据中共顺直省委指示加强对暴动的领导，将农民军改编为京东人民革命军，壮大革命队伍。不久，部队在鲁家峪突围时遭到敌人围堵，于方舟在分散突围时被捕，于1928年1月14日惨遭敌人杀害[⑤]，年仅28岁。

① 河北省民政厅:《河北革命烈士史料》(第二集),河北人民出版社1962年版,第26页。

② 河北省民政厅:《河北革命烈士史料》(第二集),河北人民出版社1962年版,第26页。

③《革命烈士传》编辑委员会:《革命烈士传》(第二集),人民出版社1987年版,第158页。

④《彭真传》编写组:《彭真年谱(1902—1948)》(第一卷),中央文献出版社2012年版,第40页。

⑤《革命烈士传》编辑委员会:《革命烈士传》(第二集),人民出版社1987年版,第159页。

“以天下为己任，青年壮志，舍我献身。”[①]于方舟一生以己为舟济苍生，留下的“方舟精神”至今镌刻在其母校的纪念墙上，永驻人民心中。他是南开大学牺牲的第一位革命烈士，李瑞环为他亲笔题词——“津门之光”[②]。

（原刊2023年8月4日《学习时报》第1974期A4版“学习文苑”，收入时略有增删）

---

① 天津市第三中学(原天津直隶省立第一中学)官网,http://sz.hqjy.net/

② 政协天津市宁河县委员会:《宁河名人》(宁河文史资料 第七辑),天津人民出版社2002年版,第44页。

阿英诗中的激扬战歌

阿英（1900—1977），原名钱德富，又名钱杏邨，以笔名“阿英”闻世，是我国无产阶级文艺的拓荒者、组织者和领导者之一。作为党的忠诚的文化战士，他用大众新诗唤起民众觉醒，在中国现代革命文学领域留下了辉煌的篇章。夏衍赞扬他“为团结人民、教育人民、打击敌人而做出了巨大的努力”[①]。

革命困境下的苦闷愤怒

第一次国内革命战争初期，阿英在家乡的中学任教，谋求改良地方教育，致力于教育救国。1925年五卅惨案的消息传到安徽芜湖，他迅速投入反帝爱国运动。提议

①晓光：《阿英纪念文集》，中国戏剧出版社2000年版，第29页。该书收录夏衍撰写的纪念文章《忆阿英同志》。

创办《苍茫》杂志并任主编，倡导知识青年通过进步作品唤醒群众。参与创建民生中学，传播革命思想，培养革命骨干。阿英的革命活动引起反动军阀敌视，1926年秋他逃往上海，同年10月加入中国共产党[①]。置身风云激荡的时代，他热情地向往光明，积极地投身革命，坚持以诗作戈呼唤民众觉醒。

他以诗歌宣泄心中的愤懑，抨击社会的不公，抒发底层人民的哀嚎。他控诉黑暗的社会，“我们祖先遗留的国土，岂真个任叛徒永久蹂躏”[②]；揭示世道的罪恶，“你们是工人的孩子哟，你们是没有饭吃的工人的孩子哟”[③]；呼吁铲除不平等的经济制度，建立平等幸福的理想社会，“假使人类都能发展个性，不为衣食住的寻求纠缠一生，那现在的进步才是惊人”[④]；唱响激扬的战歌，“旧世界已到了毁灭的时候了！人们都要来受最后的审

①吴家荣:《阿英传论》,安徽教育出版社2002年版,第20页。

②阿英:《阿英全集》(第3卷),安徽教育出版社2003年版,第5页。

③阿英:《阿英全集》(第3卷),安徽教育出版社2003年版,第13页。

④阿英:《阿英全集》(第3卷),安徽教育出版社2003年版,第10—11页。

判”[①]；点燃斗争的激情，“过去罢，徘徊而彷徨的心性！藏起热泪来，去寻找我们的敌人”[②]。他直抒逃亡途中的焦虑忧愁，“我们现在真是焦躁万分呵，那有心肠来体味你的盛宴”[③]；苦苦追寻革命的前路，“前途虽终是我们的胜利，也得一思索目前究竟怎样走”[④]；发出斗争到底的怒吼，“什么时候是我们复仇的时候，假使我的身体能支持长久，不杀仇人的头颅我誓不休”[⑤]，革命的决绝跃然纸上。

阿英把这时期创作的29首短诗结为《饿人与饥鹰》[⑥]，“饿人”卷大都是在极困窘时写定的，其间多经

①阿英：《阿英全集》（第3卷），安徽教育出版社2003年版，第15页。

②阿英：《阿英全集》（第3卷），安徽教育出版社2003年版，第20页。

③阿英：《阿英全集》（第3卷），安徽教育出版社2003年版，第32页。

④阿英：《阿英全集》（第3卷），安徽教育出版社2003年版，第34页。

⑤阿英：《阿英全集》（第3卷），安徽教育出版社2003年版，第36页。

⑥阿英：《阿英全集》（第3卷），安徽教育出版社2003年版，第1—2页。分为“饿人”（18首）、“饥鹰”（11首），共有29首。

济苦闷的喊叫[①]，“饥鹰”卷大半是失败后悲愤心情的表达[②]。他倡导“新兴文学是新兴阶级革命的战斗的鼓号”[③]，志在为情写文、率意而作，“语句没有经过雕琢，都是在情绪极奔迸时随手写下的”[④]，感情真挚热烈，充满震撼人心的力量。

革命低潮时的激越呐喊

1927年初，阿英受党指派回芜湖从事革命活动；4月，蒋介石叛变革命，芜湖反动当局大肆搜捕共产党人；之后，阿英历尽艰辛来到当时的大革命中心武汉[⑤]。不久大革命失败，作为一名革命战士，即使遭遇革命低潮，他仍怀着一腔热血和革命的无畏精神到处奔走。他以诗

①语出阿英作的《饿人与饥鹰》“自序”。《阿英全集》(第3卷)，安徽教育出版社2003年版，第3页。

②语出阿英作的《饿人与饥鹰》“自序”。《阿英全集》(第3卷)，安徽教育出版社2003年版，第3页。

③阿英：《阿英全集》(第1卷)，安徽教育出版社2003年版，第252页。

④语出阿英作的《饿人与饥鹰》“自序”。《阿英全集》(第3卷)，安徽教育出版社2003年版，第3页。

⑤吴家荣：《阿英传论》，安徽教育出版社2002年版，第20—21页。

为戈发泄满腔怒火，革命知识青年的苦闷失意与愤懑不平，化作一首首狂风暴雨的诗歌，叙事长诗《暴风雨的前夜》作为他生命的呐喊，正是“革命浪潮中的产物”[①]。

长诗形象再现了自己受到的震撼和煎熬，直抒失意怅惘、痛苦愤怒的心境，表达对破坏革命行为的愤怒和蔑视，彰明不屈战斗的意志信念。开篇渲染大革命失败后武汉街头的景象：“全市的居民如遇虎狼，一家家的店铺把门关上”[②]。过往战斗岁月里，工农的力量铿锵雄壮，“谁不知工农的勇敢……在枪声里——工农帮助了革命的成功”[③]。如今，工农大众为之流血、阿英为之奔走的大革命走向失败，“几十年的艰苦奋斗，只是养成了这些新式的刽子手”[④]。革命胜利的果实终因投机家的贩卖

①蒋光慈:《蒋光慈全集》(第六卷),合肥工业大学出版社2017年版,第202页。

②阿英:《阿英全集》(第3卷),安徽教育出版社2003年版,第58页。

③阿英:《阿英全集》(第3卷),安徽教育出版社2003年版,第59页。

④阿英:《阿英全集》(第3卷),安徽教育出版社2003年版,第59页。

付之一炬，敌人又作威作福，工人到处被迫害，“工会已被铁桶般围住，武装同志在那里捉人”[①]。诗中勾画出触目惊心的场面，抒发了无可名状的悲愤情绪和忧国忧民的博大胸怀，“在这个世界上哟，人民真是活不了”[②]。革命是摧不垮的，人民是杀不绝的，“被捕的英雄——工人，脸色一点儿不变，他们怒目前进”[③]，斗争到底的决心如熊熊烈火点燃人们心中的希望，“夜色被血花烧完，第二次的Baudon，就将跟着光明之神来临”[④]。诗的结尾奏响冲锋的号角：“弟兄们！弟兄们！前进！前进！前进！”[⑤]洋溢着昂扬的革命斗志、不屈的战斗精神！

阿英聚焦重大政治事件，以叙事长诗的形式“完全

①阿英:《阿英全集》(第3卷),安徽教育出版社2003年版,第63页。

②阿英:《阿英全集》(第3卷),安徽教育出版社2003年版,第71页。

③阿英:《阿英全集》(第3卷),安徽教育出版社2003年版,第75页。

④阿英:《阿英全集》(第3卷),安徽教育出版社2003年版,第78—79页。

⑤阿英:《阿英全集》(第3卷),安徽教育出版社2003年版,第79页。

表现出现代中国革命的情景”[1]，呈现复杂多变的人生画卷，抒写革命者内心的苦痛与追求，“是革命文学运动中的一个很重要的礼物”[2]。

革命觉醒后的挥笔作戈

南昌起义后，阿英满怀希望奔赴上海，开启新征程。经历了大革命失败，他深感唤醒民众的必要，痛感枪杆子、笔杆子的重要，决心以振兴革命文坛的火热实践从事新的革命斗争，“诗人不一定要会放手枪，不放手枪的也未必不是革命家”[3]。他与蒋光慈等人创立中国共产党领导下的第一个革命文学社团——太阳社，积极宣传马克思主义文艺思想。他挥笔作戈，冲锋在文艺斗争最前沿，向敌人发起猛烈攻击。

①蒋光慈：《蒋光慈全集》（第六卷），合肥工业大学出版社2017年版，第202页。

②蒋光慈：《蒋光慈全集》（第六卷），合肥工业大学出版社2017年版，第202页。

③吴家荣：《阿英传论》（修订版），安徽教育出版社2009年版，第24页。

1929年他将20多首短诗结为《荒土》并出版[1]，《荒土》是阿英对社会问题的深沉思考、对投机者的无情嘲讽、对改良者的警醒、对革命战友的激励，是真正革命战士伟大胸怀的袒露，以及对理想社会的呼唤，充满了时代气息。他唤醒人们坚定革命主义、抛弃改良主义，“我们要勇敢的努力的前进，前进，把这可怕的改良主义的统治打成碎粉”[2]。他借雨感叹难言愁绪和复杂心情，“须知隔住惹愁的雨声，也摒不去飘泊的悲涩的情绪”[3]；无惧前路的艰险，“白色的压迫是减不了我们对于革命的信心”[4]；表明革命到底的决心，“你这时更密的雨声，更密的雨声，是不是要进一步的激起我们的革命的热情”[5]；坚定革命必胜的信念，“天光已渐渐的亮了，我

①阿英:《阿英全集》(第3卷),安徽教育出版社2003年版,第1页。

②阿英:《阿英全集》(第3卷),安徽教育出版社2003年版,第90页。

③阿英:《阿英全集》(第3卷),安徽教育出版社2003年版,第91—92页。

④阿英:《阿英全集》(第3卷),安徽教育出版社2003年版,第92页。

⑤阿英:《阿英全集》(第3卷),安徽教育出版社2003年版,第92页。

们的世界总有一日在我们无间断的斗争中来临”[1]。他鼓舞人们果敢战斗，“我们要用赤血染得地球红，缧绁的生涯早在意料之中”[2]；誓与工农并肩作战，“我和你们握手，粗糙的手掌快快的联成一线，我们要即刻扑向敌人的面前”[3]。他抒发革命的豪情，“弟兄们，你不要忧虑这灰灰的天空，在灰色的后面是蕴藏着沛然的大雨，那便是我们所期待着的光明，那便是我们所需要的清露”[4]；彰明革命的无私无畏，“我们是决不退缩，决不徘徊，我们是勇猛的向前毫不倦怠”[5]；彰示革命的宣言，“我们要鼓动革命者的热烈情绪，我们要在诗坛上燃

---

①阿英：《阿英全集》（第3卷），安徽教育出版社2003年版，第94页。

②阿英：《阿英全集》（第3卷），安徽教育出版社2003年版，第96页。

③阿英：《阿英全集》（第3卷），安徽教育出版社2003年版，第109页。

④阿英：《阿英全集》（第3卷），安徽教育出版社2003年版，第113页。

⑤阿英：《阿英全集》（第3卷），安徽教育出版社2003年版，第113—114页。

起无边的火炬”[①]。

阿英全身心投入革命，以革命的情怀、战斗的热情，创作生命之诗，唤醒民众斗志，歌颂战士风采，宣扬革命精神，一路革命一路诗。

（原刊2023年10月6日《学习时报》第2001期A4版“学习文苑”，收入时略有增删）

①阿英:《阿英全集》(第3卷),安徽教育出版社2003年版,第114页。

家如夜月圆时少，
人似流云散处多

家书中的正己修身

“天下之本在国，国之本在家，家之本在身。”[①]家庭的前途命运同国家和民族的前途命运紧密相连。今天，我们在新的历史起点上，面对各种复杂局面、风险挑战、利益诱惑的考验，更要注重家风建设，强化正己修身，弘扬老一辈革命家从严律己、从严律亲、从严治家的崇高品质和精神风范。

“一切按正常规矩办理”

毛泽东一向坚持按原则办事，反对搞旧社会那一套裙带关系，从不为亲友谋取私利。新中国成立初期，杨开慧的胞兄杨开智曾捎信给毛泽东，要求“在京或在湘

①《孟子·离娄章句上》。

安排厅长之类的职位”[①]。杨开智对毛泽东帮助很大，在杨开慧牺牲后冒着巨大危险照顾毛岸英兄弟。1949年10月9日，毛泽东致信杨开智劝阻他来京工作，“希望你在湘听候中共湖南省委分配合乎你能力的工作，不要有任何奢望，不要来京。湖南省委派你什么工作就做什么工作，一切按正常规矩办理，不要使政府为难”[②]。为了打消杨开智的念头，毛泽东还给时任湖南省委第一副书记王首道写信，提出让杨开智等人不要赴京，按他们的能力在湖南就地分配适当工作，“任何无理要求不应允许”[③]。两封信寥寥数语、直截了当，彰显了共产党人崇高的价值观。面对亲情、友情、乡情这些进城“赶考”的难题，毛泽东带头坚持原则，决不因私废公，向人民交出了满意答卷。

同时期，毛岸英收到表舅父向三立的来信“要求照

①《百年红色家书品读》编写组编著:《百年红色家书品读》,人民出版社2021年版,第89页。

② 中共中央文献研究室:《毛泽东书信选集》,中央文献出版社2003年版,第316页。

③ 中共中央文献研究室:《毛泽东书信选集》,中央文献出版社2003年版,第315页。

顾”[①]，并提及杨开智希望当官。毛岸英的童年是在外婆向家度过的，与向家人感情深厚。1949年10月24日，毛岸英给表舅向三立回信，阐明共产党为人民谋利益的思想，理直气壮拒绝了舅舅的要求，并作了深刻的批评教育。“新中国之所以不同于旧中国，共产党之所以不同于国民党，毛泽东之所以不同于蒋介石，毛泽东的子女妻舅之所以不同于蒋介石的子女妻舅”[②]，那是因为“皇亲贵戚仗势发财，少数人统治多数人的时代已经一去不复返了”[③]。共产党从不否定对亲人的挚爱，“我爱我的外祖母，我对她有深厚的描写不出的感情”[④]，但从来不能因为爱亲人而牺牲集体主义原则，“我绝不能也绝不愿违背原则做事”[⑤]。共产党有的人情是对人民、对劳苦大众的无限热爱，其中也包括自己的父母子女亲戚在内，但不讲帮助亲戚朋友、同乡同事做官发财的人情。共产党坚决站在人民利益一方，扶助亲戚高升的事与人民大众

①《初心——红色书信品读》编写组：《初心——红色书信品读》，人民出版社2018年版，第183页。

② 丁晓平：《毛泽东家风》，人民出版社2019年版，第134页。

③ 丁晓平：《毛泽东家风》，人民出版社2019年版，第134页。

④ 丁晓平：《毛泽东家风》，人民出版社2019年版，第135页。

⑤ 丁晓平：《毛泽东家风》，人民出版社2019年版，第135页。

的利益水火不相容，即使“大义灭亲”[1]亦在所不惜。这封家书有礼有节，反映了毛岸英坚持原则、严格自律，心中装着人民群众，不搞特殊、毫无私心，字里行间闪耀着灿烂的思想光辉。

“人生赖奋斗而存”[2]

1946年5月，周恩来率中共代表团前往南京，与国民党进行和平谈判。周恩来的四哥周恩夔夫妇获悉后，特意从扬州赶到南京找他。6月11日，他们在中共代表团驻地梅园新村与周恩来夫妇共进午餐，周恩来本想晚上再到哥嫂下榻的旅馆叙旧，但由于当时形势复杂和任务繁重，阔别30年之久的亲人团聚被迫终止。周恩来写就家书，准备盘缠，“今则只能以弟应得之公家补助金五万元，送兄嫂作归途费用”[3]，嘱秘书送给哥嫂。周恩来在信中表示“人生赖奋斗而存”，希望哥嫂自谋职业，不要有介绍工作的想法，“兄嫂宜即返扬……弟正值万忙之

① 丁晓平:《毛泽东家风》,人民出版社2019年版,第135页。

② 中共中央文献研究室:《周恩来年谱(一八九八—一九四九)(修订本)》,中央文献出版社1998年版,第688页。

③ 中共中央文献研究室:《老一代革命家家书选》,中央文献出版社1990年版,第290页。

中，无法再谋一面。设大局能转危为安，或有机缘再见，届时亦当劝兄嫂作生产计也”[①]。人生赖奋斗而存，正是周恩来革命生涯的真实写照，为人民事业奋斗不止、鞠躬尽瘁的伟大精神，永远值得我们学习和弘扬。

1950年3月，刘少奇接到七姐刘绍懿的来信，其中流露出对土改减租退押政策的不满，不思务农而希望随弟弟进城生活。此时，刘少奇正领导制定土地改革政策、推进土地改革。5月2日，刘少奇给姐姐回信，严肃批评了她的错误思想，申明减租限租“是人民政府的法令要办的，你们必须老老实实照办”[②]；鼓励亲人扎根家乡，学会耕作、靠劳动吃饭，“你们以后应该劳动，自己作田，否则，你们就没有饭吃”[③]；明确拒绝姐姐进京请求，“你们不要来我这里，因我不能养活你们”[④]，再三阐明自己的荣辱观，要求亲人遵规守纪、自食其力，“我

① 中共中央文献研究室:《老一代革命家家书选》,中央文献出版社1990年版,第290页。

② 中共中央文献研究室:《老一代革命家家书选》,中央文献出版社1990年版,第120页。

③ 中共中央文献研究室:《老一代革命家家书选》,中央文献出版社1990年版,第120页。

④ 中共中央文献研究室:《老一代革命家家书选》,中央文献出版社1990年版,第121页。

当了中央人民政府的副主席，你们在乡下种田吃饭，那就是我的光荣。如果我当了副主席，你们还在乡下收租吃饭，或者不劳而获，那才是我的耻辱”[①]。刘少奇一生光明磊落，严于律己，从不允许亲朋靠他的身份谋私利。这封家书情恳意切，态度鲜明，彰显了刘少奇的崇高精神。

“绝对不能为一身一家谋升官发财”[②]

1929年2月3日，何叔衡在写给义子何新九的信中，简洁明了阐明自己不为一身一家谋升官发财的人生观：“我的人生观，绝不是想安居乡里以善终的，绝对不能为一身一家谋升官发财以愚懦子孙的。”[③]他在信中摆事实、讲道理，教导义子待人接物、学会做人。直率抒情、掷地有声的话语，不谋升官发财的信念，不仅是重要的家训，也足以告诫世人、引发共勉。何叔衡作为晚清秀才，

---

① 中共中央文献研究室：《老一代革命家家书选》，中央文献出版社1990年版，第121页。

② 《初心——红色书信品读》编写组：《初心——红色书信品读》，人民出版社2018年版，第173页。

③ 《初心——红色书信品读》编写组：《初心——红色书信品读》，人民出版社2018年版，第173页。

紧跟时代步伐，思想解放、追求真理，果敢踏上革命道路，矢志报国、义无反顾，誓死不改初心的高贵品格，值得我们永远铭记。

1949年8月，徐特立回信给20余年才又联系上的女儿徐静涵，询问别后情况，鼓励女儿努力工作争取进步。他十分关心女儿女婿的未来发展，要求他们珍惜现有职业。尽管当时北平已经解放，但徐老提出“时局艰难我不敢多开支，所以我不望你北上”①。他还不容置疑地告诉女儿女婿，正因为你们是共产主义者的亲属，“如果需要我党录用，那末需要比他人更耐苦更努力”②，要求他们“做一个共产党的好朋友一直加入党”③。徐特立是德高望重的老一辈无产阶级革命家，党内延安“五老”④之一。毛泽东称赞他“革命第一，工作第一，他人第

① 中共中央文献研究室:《老一代革命家家书选》,中央文献出版社1990年版,第332页。

② 中共中央文献研究室:《老一代革命家家书选》,中央文献出版社1990年版,第332页。

③ 中共中央文献研究室:《老一代革命家家书选》,中央文献出版社1990年版,第332页。

④ 中国延安干部学院:《延安时期与中国共产党的发展论集》,中央文献出版社2011年版,第738页。延安“五老”:董必武、林伯渠、谢觉哉、徐特立、吴玉章。

一”[①]，曾写信对他说“你是我二十年前的先生，你现在仍然是我的先生，你将来必定还是我的先生”[②]。徐特立近乎严苛的自律精神，彰显了共产党人先人后己、先集体后个人的政治理念。

“其身正，不令而行；其身不正，虽令不从。”[③]党员干部要自觉做到不忘初心、牢记使命，从革命先辈的家书中汲取爱党爱国、正己修身、服务人民的精神力量，给广大人民群众作出示范和表率。

① 中共中央文献研究室:《毛泽东书信选集》,中央文献出版社2003年版,第86页。

② 中共中央文献研究室:《毛泽东书信选集》,中央文献出版社2003年版,第86页。毛泽东《致徐特立》的书信写于1937年1月30日。1913年至1919年,徐特立在湖南省第一师范学校任教期间,毛泽东曾在那里求学。

③《论语·子路》。

革命家书中的信仰

老一辈无产阶级革命家矢志追寻救国救民的道路，他们心中坚定如铁的伟大信仰，至死不渝的无限忠诚，视死如归的凛然正气，闪耀在珍贵的革命家书中。一封封情动天地、情真意切的家书，是我们坚定理想信念、锤炼党性修养、砥砺奋斗初心的宝贵红色基因和不竭的精神财富。

“我认的主义一定是不变了”①

为进一步探求救国真理，22岁的周恩来决定赴欧洲留学考察。1920年11月7日，他作为华法教育会组织的

① 中共中央文献研究室、南开大学:《周恩来早期文集(一九一二年十月——一九二四年六月)》(下卷),中央文献出版社、南开大学出版社1998年版,第453页。

第十五届赴法勤工俭学生，由上海乘法国邮船“多尔多斯”号远赴法国。次年1月30日，他致信表兄陈式周，分享欧洲求学的体会，提出中国可“效法俄式之革命”[①]进而走向胜利的初步想法。他表示赴欧学习的主要意旨在为探求解决社会问题之道，“唯在求实学以谋自立，虔心考查，以求了解彼邦社会真相暨解决诸道，而思所以应用之于吾民族间者”[②]；谈及中国的出路问题，提出“若在吾国，则积弊既深，似非效法俄式之革命，不易收改革之效”[③]。经过一段时间的实地考察、潜心探究，他以审慎求真的态度“对于一切主义开始推求比较”[④]。他和蔡和森、赵世炎等人共同研究马克思主义，领导勤工

① 中共中央文献研究室、南开大学:《周恩来早期文集(一九一二年十月—一九二四年六月)》(下卷),中央文献出版社、南开大学出版社1998年版,第9页。

② 中共中央文献研究室、南开大学:《周恩来早期文集(一九一二年十月—一九二四年六月)》(下卷),中央文献出版社、南开大学出版社1998年版,第8页。

③ 中共中央文献研究室、南开大学:《周恩来早期文集(一九一二年十月—一九二四年六月)》(下卷),中央文献出版社、南开大学出版社1998年版,第8—9页。

④ 中共中央文献研究室、南开大学:《周恩来早期文集(一九一二年十月—一九二四年六月)》(下卷),中央文献出版社、南开大学出版社1998年版,第451页。

俭学学生的斗争，探索革命的道路，在思想认识上阔步向前，最终确立了共产主义信仰，并于1921年经张申府、刘清扬介绍加入中国共产党。1922年3月，他在给国内觉悟社社员的信中宣告入党后的坚定革命信念，“我们当信共产主义的原理和阶级革命与无产阶级专政两大原则”[①]，誓言毕生奉行、矢志不移，“我认的主义一定是不变了，并且很坚决地要为他宣传奔走”[②]。这是他走上革命道路“最早的初心”[③]，并为之贡献了自己毕生的精力和才能。

1927年“四一二”反革命政变后，新四军第十三师政治部主任王器民不幸被捕，被杀害前给爱妻高慧根写下诀别信，抒发“用全副精神为革命而努力”[④]的家国情

① 中共中央文献研究室、南开大学:《周恩来早期文集(一九一二年十月——一九二四年六月)》(下卷),中央文献出版社、南开大学出版社1998年版,第451页。

② 中共中央文献研究室、南开大学:《周恩来早期文集(一九一二年十月——一九二四年六月)》(下卷),中央文献出版社、南开大学出版社1998年版,第453页。

③《百年红色家书品读》编写组:《百年红色家书品读》,人民出版社2021年版,第6页。

④《百年红色家书品读》编写组:《百年红色家书品读》,人民出版社2021年版,第8页。

怀，振聋发聩地发出“为求主义实现而奋斗，为谋民众利益而牺牲”[1]的铮铮誓言。面对死亡，他表现出革命者视死如归的勇气和“我不入地狱谁入地狱”的无私气概，“革命分子如无肯牺牲，革命是没有成功的日子”[2]。怀着对妻儿的万般不舍，这位柔情铁汉决然选择为“主义”而战，呼唤革命到底：“继我志呵！继我志呵！”[3]散发着浓烈的人性光辉，浸透着坚定的信仰力量，一个言语间情深似海、大义凛然的铁血男儿，追求真理、守护亲情的革命形象跃然纸上。

“革命事业代代传”[4]

1928年3月，身陷牢狱的夏明翰深知生命即将结束，忍着伤痛分别给母亲、姐姐、妻子写就家书。他抒发对母亲的拳拳挚爱，“你用慈母的心抚育了我的童年，你用

①《百年红色家书品读》编写组:《百年红色家书品读》,人民出版社2021年版,第8页。

②《百年红色家书品读》编写组:《百年红色家书品读》,人民出版社2021年版,第8页。

③《百年红色家书品读》编写组:《百年红色家书品读》,人民出版社2021年版,第9页。

④《民族脊梁》编写组:《民族脊梁:100位为新中国成立作出突出贡献的英雄模范人物》,人民出版社2009年版,第589页。

优秀古典诗词开拓了我的心田”[①]；彰明头可断血可流、主义不能丢的坚定信仰和大无畏的牺牲精神，“别难过，别呜咽，别让子规啼血蒙了眼，别用泪水送儿别人间”[②]；彰显革命必胜的坚定决心，“儿女不见妈妈两鬓白，但相信你会看到我们举过的红旗飘扬在祖国的蓝天”[③]。在给姐姐夏明玮及其两个女儿的信中，他申明“我们没有罪，我们要斗争”[④]，认定了正确的道路，就要坚定地走下去；阐明宁可牺牲生命也绝不背叛自己的信仰，“我一生无遗憾，认定了共产主义这个为人类翻身解放造幸福的真理，就刀山敢上，火海敢闯，甘愿抛头颅，洒热血”[⑤]。给深爱的妻子、女儿写好遗书后，他用

①《民族脊梁》编写组:《民族脊梁:100位为新中国成立作出突出贡献的英雄模范人物》,人民出版社2009年版,第589页。

②《民族脊梁》编写组:《民族脊梁:100位为新中国成立作出突出贡献的英雄模范人物》,人民出版社2009年版,第589页。

③《民族脊梁》编写组:《民族脊梁:100位为新中国成立作出突出贡献的英雄模范人物》,人民出版社2009年版,第589页。

④《民族脊梁》编写组:《民族脊梁:100位为新中国成立作出突出贡献的英雄模范人物》,人民出版社2009年版,第589页。

⑤《民族脊梁》编写组:《民族脊梁:100位为新中国成立作出突出贡献的英雄模范人物》,人民出版社2009年版,第589—590页。

嘴唇和着鲜血在信纸上留下深深的吻痕，带着深情的眷念慷慨赴死，“张眼望，迷人世，几家夫妻偕老有百年”[①]；面对反动派的屠刀，他视死如归，“抛头颅、洒热血，明真早已视等闲”[②]；始终笃定信仰，坚信“各取所需”的美好社会终将到来，“革命事业代代传”[③]，希望后代“坚持革命继吾志，誓将真理传人寰”[④]。三封遗书连同正气凛然的就义诗，是夏明翰用热血谱成的革命战歌，句句散发着革命先辈的坚定信仰和人性光芒，展示着中国共产党人纯洁的党性和忠贞不渝的崇高品质，在一代代共产党人心中传唱，激励无数“后来人”[⑤]沿着共产主义的光明大道前赴后继。

1929年3月，已经一年多没有毛泽东音讯、身陷白

---

①《民族脊梁》编写组：《民族脊梁：100位为新中国成立作出突出贡献的英雄模范人物》，人民出版社2009年版，第589页。

②《民族脊梁》编写组：《民族脊梁：100位为新中国成立作出突出贡献的英雄模范人物》，人民出版社2009年版，第589页。

③《民族脊梁》编写组：《民族脊梁：100位为新中国成立作出突出贡献的英雄模范人物》，人民出版社2009年版，第589页。

④《民族脊梁》编写组：《民族脊梁：100位为新中国成立作出突出贡献的英雄模范人物》，人民出版社，2009年版，第589页。

⑤《民族脊梁》编写组：《民族脊梁：100位为新中国成立作出突出贡献的英雄模范人物》，人民出版社2009年版，第590页。

色恐怖的杨开慧，带着强烈的不测预感，给堂弟杨开明写了一封信。她坦露揪心孩子、牵挂亲人的柔弱一面，“我蜷伏着在世界的一个角落里，我颤慄[栗]而寂寞！在这个情景中，我无时无刻不在寻找我的依傍……”[①]；表现出为革命无畏牺牲的坦然自若，“说到死，本来，我并不惧怕，而且可以说是我欢喜的事”[②]，彰显革命者的英雄本色；带着无尽的挂念和不舍，从容托付孩子、交代后事，“我总觉得我的颈项上，好像自死神那里飞起来一根毒蛇样的绳索，把我缠着，所以不能不早作预备”[③]。她面对死亡的勇敢超脱，流露出的坚定沉静气质，迸发出的强大精神力量，使人动容、令人敬佩。毛泽东曾和词一首怀念杨开慧：“我失骄杨君失柳，杨柳轻飏直上重霄九。问讯吴刚何所有，吴刚捧出桂花酒。寂寞嫦娥舒广袖，万里长空且为忠魂舞。忽报人间曾伏虎，泪飞顿

①《初心——红色书信品读》编写组：《初心——红色书信品读》，人民出版社2018年版，第90页。

②《初心——红色书信品读》编写组：《初心——红色书信品读》，人民出版社2018年版，第90页。

③《初心——红色书信品读》编写组：《初心——红色书信品读》，人民出版社2018年版，第90—91页。

作倾盆雨。”①

“请相信这一道路是光明的、伟大的”②

1930年5月，中共湖南省委桃江区委组织委员江诗咏在益阳县城侦察敌情时被捕，在狱中利用写“忏悔书”的机会，给父母写了一封信夹于腰带中留存于世。他表达了不能尽孝的愧疚和对亲人的牵挂、眷念，彰明对共产主义的坚定信仰，“加入共产党，是为大多数工农无产阶级谋利益”③；抒发了对无产阶级革命必然胜利的强烈期盼，坚信“大革命成功，最久总不过三、六年”④。1937年9月18日，红一军团代理军团长左权在给叔父左铭三的信中介绍了全国抗战形势，彰示经过持久斗争必将取得胜利的信念，“这一战争必然要持久下去，也只有

① 中共中央文献研究室:《毛泽东书信选集》,中央文献出版社2003年版,第486页。

②《初心——红色书信品读》编写组:《初心——红色书信品读》,人民出版社2018年版,第11页。

③《百年红色家书品读》编写组:《百年红色家书品读》,人民出版社2021年版,第18页。

④《百年红色家书品读》编写组:《百年红色家书品读》,人民出版社2021年版,第18页。

持久才能取得抗战的胜利”[①]；表达了革命道路伟大、光明的正确思想，彰显坚持革命到底的信心决心，“请相信这一道路是光明的、伟大的，愿以我的成功的事业，报你与我母亲对我的恩爱，报我林哥对我的培养”[②]。

1941年3月16日，中共鄂西特委书记何功伟在狱中给父亲写信，表达献身真理、宁死不屈的生死抉择，展望革命胜利的光明前景。何功伟于皖南事变后被捕，湖北省政府主席陈诚亲自部署，妄图裹挟其父亲劝子“自首”事敌。置身“时危难作两全身”[③]的困境，他向父亲直陈危局、痛斥国贼，“内战烽火，似将燎原，亡国危机，迫在眉睫”[④]，申明自己宁为玉碎不为瓦全的决心；民族危亡之时，他坚定选择“除慷慨就死外，绝无他途

①《初心——红色书信品读》编写组：《初心——红色书信品读》，人民出版社2018年版，第11页。

②《初心——红色书信品读》编写组：《初心——红色书信品读》，人民出版社2018年版，第11页。

③《百年红色家书品读》编写组：《百年红色家书品读》，人民出版社2021年版，第31—32页。

④《百年红色家书品读》编写组：《百年红色家书品读》，人民出版社2021年版，第29页。

可循”[1]；忠孝两难全的情况下，他宁可牺牲也要“为天地存正气，为个人全人格”[2]；革命艰难时期，他决心追随屈原和岳飞，祈望父亲体察其忧国忧民、精忠报国的赤诚心怀，“成仁取义，此正其时”[3]；大是大非面前，他正气凛然、丹心赤忱，革命信仰坚实如磐，发出豪迈誓言：“而奈儿献身真理，早具决心，苟义之所在，纵刀锯斧钺加颈项，父母兄弟环泣于前，此心亦万不可动，此志亦万不可移。”[4]他以大公无私的胸怀，深情而理智地向父亲晓以大义，“惟恳大人移所以爱儿者以爱天下无数万人之儿女，以爱抗战死难烈士之遗孤，以爱流离失所无家可归之难童，庶几儿之冤死或正足以显示大人之慈祥伟大”[5]，对天下人的大我之爱和对亲人的感恩爱戴

①《百年红色家书品读》编写组:《百年红色家书品读》,人民出版社2021年版,第29页。

②《百年红色家书品读》编写组:《百年红色家书品读》,人民出版社2021年版,第29页。

③《百年红色家书品读》编写组:《百年红色家书品读》,人民出版社2021年版,第29页。

④《百年红色家书品读》编写组:《百年红色家书品读》,人民出版社2021年版,第29—30页。

⑤《百年红色家书品读》编写组:《百年红色家书品读》,人民出版社2021年版,第30页。

浑然相融，情理交融、情深义重，字里行间充满浩然正气。

理想之光不灭，信念之光不熄。革命先烈的伟大和悲壮是作为后人的我们无法想象的，远比我们所能感叹的沉重得多。因为当时的他们并不能预知未来，也不知道自己的牺牲到底有多大的意义，还要多久才能迎来胜利，甚至不知道到底能不能胜利！他们在牺牲之时所能依赖的只有坚定的信仰和怀揣着的一腔热血。这是中国共产党人为了无产阶级解放事业英勇奋斗的鲜活写照，是百年党史中舍生取义的精彩篇章，永远值得我们深刻学习、深情缅怀。

革命家书中的忠贞爱国

百年回声，字字千钧。一封封革命家书情真意切，闪耀着忠贞爱国精神，彰显出共产党人舍小家顾大家、革命理想高于天的高尚情操，体现了革命先辈对家国情怀的深刻诠释，值得我们反复品读、用心体会、永远铭记。

“生是为中国，死是为中国”[①]

1925年，上海“二月罢工”后，敌人百般阻挠工人运动，上海总工会代理委员长刘华肩负着领导工人运动的繁重任务，此时接连收到宜宾老家的电报，家里遭受严重匪劫，弟弟被杀、父亲被绑架、母亲重伤、祖母病

①《初心——红色书信品读》编写组:《初心——红色书信品读》,人民出版社2018年版,第45页。

危，催他速回。他匆匆给哥哥刘峰贤发去电文，称自己肩负救国救民重任，无法抽身回家，“身负重任，何以家为，须知有国，方有家也”[①]。他在给叔父刘选皋的回信中说道：“我应该完成工人阶级交给我的任务，岂能正与敌人作白刃战时，为了私事而随便抽身回家呢?”“为革命，我纵然流尽最后一滴血也在所不惜。”[②]革命事业如火如荼，时局维艰、事态紧急，他毅然舍小家顾大家，匆匆写就的电文正是这种献身精神的真实写照。革命者超越常人的情感守望，彰显的是顾念天下劳苦大众、牵挂人间千家万户的伟大亲情。

1928年，南京团市委书记史砚芬在参加共青团中央大学支部会议时不幸被捕，就义前给弟弟妹妹写下遗书，饱含深情、掷地有声地申明自己无怨无悔的政治信仰，“我的死，是为着社会、国家和人类，是光荣的，是必要的”[③]；坚信革命者精神永存、事业必成，“我死后，有

①《百年红色家书品读》编写组:《百年红色家书品读》，人民出版社2021年版，第40页。

②《革命烈士传》编辑委员会:《革命烈士传》(第一集)，人民出版社1985年版，第96页。

③《百年红色家书品读》编写组:《百年红色家书品读》，人民出版社2021年版，第42页。

我千万同志，他们能踏着我的血迹奋斗前进，我们的革命事业必底于成，故我虽死犹存……我的自由的革命的灵魂是永远不会被任何反动者所毁伤”[①]，展示了为国为民宁可牺牲生命的英雄气概和大无畏精神。

1935年3月，赣南军区政治部主任刘伯坚在率部突围时不幸负伤被捕，临刑前给亲人写了封家书，“生是为中国，死是为中国，一切听之而已”[②]，铿锵有力地彰显自己为民族得解放视死如归的革命信仰；申明自己“为着中国民族就为不了家和个人”[③]，请求亲人找回孩子帮助养育，彰示自己在革命原则问题上决不妥协的政治信念。他在狱中创作了著名的《带镣行》：“带镣长街行，蹒跚复蹒跚；市人争瞩目，我心无愧怍。带镣长街行，镣声何铿锵；市人皆惊讶，我心自安详。带镣长街行，志气愈轩昂；拼作阶下囚，工农齐解放。”[④]作为我党早

①《百年红色家书品读》编写组:《百年红色家书品读》,人民出版社2021年版,第42页。

②《初心——红色书信品读》编写组:《初心——红色书信品读》,人民出版社2018年版,第45页。

③《初心——红色书信品读》编写组:《初心——红色书信品读》,人民出版社2018年版,第46页。

④《民族脊梁》编写组:《民族脊梁:100位为新中国成立作出突出贡献的英雄模范人物》,人民出版社2009年版,第174页。

期的党员，他始终秉持初心，为党的事业出生入死，为实现工农齐解放的夙愿，舍弃了至爱亲人、宝贵生命，用鲜血谱写出为了新中国而舍生取义的光辉人生。

“拯父老出诸水火，争国权以救危亡”[①]

1922年6月3日，留学比利时沙洛瓦劳动大学的聂荣臻给父母邮回一封漂洋过海的家书，汇报自己的报国志向。他痛陈列强欺凌，忧虑国家前途命运，“水深火热之家乡，父老之困苦也何堪？狼毒野心之列强，无故侵占我国土”[②]；愤然抨击当局的反动，“私（尸）位饱囊之政府，只知自争地盘，拥数十万之雄兵，无非残杀同胞！热血男儿何堪睹此”[③]；表达救国救民的鲜明志向，“男也，虽不敢云以天下为己任，而拯父老出诸水火，争国权以救危亡，是青年男儿之有责”[④]。他在23岁亲笔写

① 周均伦:《聂荣臻年谱》(上),人民出版社1999年版,第29页。

② 周均伦:《聂荣臻年谱》(上),人民出版社1999年版,第29页。

③ 周均伦:《聂荣臻年谱》(上),人民出版社1999年版,第29页。

④ 周均伦:《聂荣臻年谱》(上),人民出版社1999年版,第29页。

下毕生的革命理想和事业追求：“决非一衣一食之自为计，而在四万万同胞之均有衣有食也，亦非自安自乐以自足，而在四万万同胞之均能享安乐也”[①]，激励着一代代共产党人为中华民族伟大复兴而英勇奋斗！

1939年，新四军在苏南与日寇展开艰辛斗争。5月7日，陈毅在指挥战斗的间隙写信给父亲，抒发对父母亲人的挚爱和想念，表达保家卫国必然胜利的坚定信心。他轻松喜悦地分享新四军日益壮大的良好局面和鱼水亲情的军民关系，科学分析、大胆预测未来局势，“三五年头，敌定片甲不回也”[②]，展现了对革命胜利的热切期盼，体现了军事家的战略眼光和坚定自信。他坦承思念亲人和回乡情切的内心，直言为了抗日大业只能“西望顾里”[③]，难掩心中愁绪，“不尽孺慕瞻佑为叹惋耳”[④]。遥寄神情逼真的近照，“以远慰亲怀于万一”[⑤]，尽显革命者既以大局为重又牢记亲情的崇高品质。

---

① 周均伦:《聂荣臻年谱》(上),人民出版社1999年版,第29页。

② 刘树发:《陈毅年谱》(上),人民出版社1995年版,249页。

③ 刘树发:《陈毅年谱》(上),人民出版社1995年版,249页。

④ 刘树发:《陈毅年谱》(上),人民出版社1995年版,249页。

⑤ 刘树发:《陈毅年谱》(上),人民出版社1995年版,249页。

"用自己的血灌溉快将实现的乐园"[①]

1949年8月25日，曲南游击大队武工队队长李卡在牺牲前夕致信未婚妻和朋友，表达对死亡的无所畏惧，坚信革命事业必胜。他痛斥反动派残杀革命人士的罪恶，"当白色的恐怖正在蔓延着，死亡之魔在狂吼的时候，这不是一个凶信，而是一个喜兆……"[②]，敌人深知共产党人是杀不绝的，内心惧怕，而"又故意装出残酷的面子，干尽伤天害理的事"[③]。他把自己的死生动地比喻为给下一代"施肥"[④]，表达了甘为革命献身的崇高气节和革命事业后继有人的坚定信念。他坦然面对死亡，视自己为"大海中一滴水，平原的一株草"[⑤]，认为个人的牺牲，

① 中共中央文献研究室 中央档案馆《党的文献》杂志社:《红书简5》,山西人民出版社2001年版,第1980页。

② 中共中央文献研究室 中央档案馆《党的文献》杂志社:《红书简5》,山西人民出版社2001年版,第1980页。

③ 中共中央文献研究室 中央档案馆《党的文献》杂志社:《红书简5》,山西人民出版社2001年版,第1980页。

④ 中共中央文献研究室 中央档案馆《党的文献》杂志社:《红书简5》,山西人民出版社2001年版,第1980页。

⑤ 中共中央文献研究室 中央档案馆《党的文献》杂志社:《红书简5》,山西人民出版社2001年版,第1980页。

是“用自己的血灌溉快将实现的乐园”[1]，是“光荣不过的事业”[2]。他把自己的生命看得比鸿毛还轻，把革命事业看得比泰山还重，坚信“大海无干旱之日，烈火亦无烧尽野草之时”[3]。他用诗一样的语言抒发对胜利即将来临的期待，“朋友，努力！天一亮，你就会看见太阳的微笑”[4]。他不仅对自己的牺牲无怨无悔，而且热情拥抱革命事业，用最后的激情号召战友们迎着胜利的朝霞继续战斗。

1949年8月27日，江竹筠（江姐）在重庆渣滓洞集中营给亲友谭竹安写就托孤遗书，彰显革命者宁死不屈的坚定信仰，表明革命必胜的乐观主义精神。她确信“蒋王八”[5]必然灭亡，“因此大方的给它三、四月的命

① 中共中央文献研究室 中央档案馆《党的文献》杂志社:《红书简5》,山西人民出版社2001年版,第1980页。

② 中共中央文献研究室 中央档案馆《党的文献》杂志社:《红书简5》,山西人民出版社2001年版,第1980页。

③ 中共中央文献研究室 中央档案馆《党的文献》杂志社:《红书简5》,山西人民出版社2001年版,第1980页。

④ 中共中央文献研究室 中央档案馆《党的文献》杂志社:《红书简5》,山西人民出版社2001年版,第1980页。

⑤《初心——红色书信品读》编写组:《初心——红色书信品读》,人民出版社2018年版,第80页。

运就会完蛋的”[①]。历史的滚滚洪流印证了江姐的预言。信中充满革命豪情和友爱亲情，既有革命者的博大情怀和坚定崇高的政治信念，也有人间淳朴真诚的亲情。江姐死前遭受了种种残酷折磨，宁可抛下至爱的儿子慷慨赴死，也绝不向敌人低头，“毒刑拷打那是太小的考验……竹签是竹做的，但共产党员的意志是钢铁”[②]。这封饱含真情的家书，字里行间流淌着一个母亲对儿子如丝如缕的思念，饱含对亲友的牵挂。江姐作为一名共产党人，对革命事业无限忠诚，无惧严刑拷打，严守党的秘密；作为妻子和母亲，深爱家庭、子女，保持着革命者的坚贞不屈，毅然决然托孤，誓死捍卫着对党的绝对忠诚。

正是无数先烈抛头颅、洒热血，甚至许多人牺牲在了胜利的前夜，“用自己的血灌溉快将实现的乐园”[③]，才有革命的伟大胜利，才有今天的美好生活。“清澈的

①《初心——红色书信品读》编写组：《初心——红色书信品读》，人民出版社2018年版，第80页。

②《初心——红色书信品读》编写组：《初心——红色书信品读》，人民出版社2018年版，第82页。

③ 中共中央文献研究室 中央档案馆《党的文献》杂志社：《红书简5》，山西人民出版社2001年版，第1980页。

爱，只为中国”，我们要倍加珍惜革命先辈用鲜血和生命换来的“人类应有一切幸福”[①]，牢记初心使命，矢志不渝为中华民族伟大复兴而团结奋斗。

① 中共中央文献研究室 中央档案馆《党的文献》杂志社：《红书简5》，山西人民出版社2001年版，第1980页。

家书中的革命爱情

他们成长、生活在革命战争或新中国创建时期，在硝烟弥漫的战斗和如火如荼的建设中，彼此相爱、携手奋进。他们有的正值弱冠之年，以身许国、向死而歌，用最宝贵的青春、爱情、生命捍卫了坚如磐石的信仰根基；有的相伴到老，为党的事业各自奔波，相濡以沫、彼此成就，都是铮铮男儿、巾帼英雄，是中华民族永远不会忘记的好儿女。

战火纷飞中面对生死等闲视之

革命者的爱情产生在正义的战争之际，植根于崇高的信仰之中，在伟大的事业中培育成长，在为人民流血牺牲中不断升华。他们的书信中丝毫不见面对死亡的恐惧，而是共产党人视死如归的从容和革命必胜的信心。

1928年10月10日，湖南省委特派员陈觉在就义前四天给妻子赵云霄写下绝笔，饱含对妻子的一往情深和“宁为玉碎，不为瓦全”[①]的英雄气概。他深情交代有孕的妻子保重身体，“不可因我死而过于悲伤”[②]，无限爱恋未出生的孩子，“我的作品以及我的衣物，你可选择一些给他留作纪念”[③]；温情追忆美好生活，“我俩在苏联求学时，互相切磋，互相勉励，课余时间谈琐事，共话桑麻。假期中或滑冰或避暑，或旅行或游历，形影相随”[④]；感念父亲的营救，申明绝不背弃信仰而苟活，“我们宁愿玉碎却不愿瓦全”“我们正是为了救助全中国人民的父母和妻儿，所以牺牲了自己的一切”[⑤]。1929年3月，赵云霄产后月余，便追随丈夫慷慨就义，为革命双双献出了20余岁的生命，生死壮举催人泪下、荡气回肠。

---

①《北齐书·元景安传》。

②《革命烈士传》编辑委员会:《革命烈士传》(第二集),人民出版社1987年版,第387页。

③《革命烈士传》编辑委员会:《革命烈士传》(第二集),人民出版社1987年版,第387页。

④《革命烈士传》编辑委员会:《革命烈士传》(第二集),人民出版社1987年版,第387页。

⑤《革命烈士传》编辑委员会:《革命烈士传》(第二集),人民出版社1987年版,第388页。

1948年5月22日，晋冀鲁豫军区副司令员徐向前给妻子黄杰写信，分享临汾战役胜利的喜讯，“临汾于十七日最后为我兵团攻下，顽敌为我全歼……而我精神上之重负第一大包袱算已解除”[①]；振奋于部队士气提升和实战经验积累，“尤其我们这个新兵团在这次战斗中得到了实战的大大锻炼，战力、士气大为提高，攻坚信心更为提高，这是物质以外难得到的收获”[②]；感慨战争的伤害，“时间拖延甚久，伤亡和消耗甚大，心中深以为憾，有时自己竟觉得惭愧万分”[③]；惦念给儿女寄送小礼物，“请告诉他们姐弟二人，不是爸爸忘记了，而是时间来不及”[④]；叮嘱妻子搬到农村居住以护周全，“万不可让小孩住在市内，免飞机轰炸受惊”[⑤]。战火纷飞里，他用拉

①《百年红色家书品读》编写组:《百年红色家书品读》,人民出版社2021年版,第119页。

②《百年红色家书品读》编写组:《百年红色家书品读》,人民出版社2021年版,第119页。

③《百年红色家书品读》编写组:《百年红色家书品读》,人民出版社2021年版,第119页。

④《百年红色家书品读》编写组:《百年红色家书品读》,人民出版社2021年版,第120页。

⑤《百年红色家书品读》编写组:《百年红色家书品读》,人民出版社2021年版,第120页。

家常的话语把生死离别的话题娓娓道来，轻松如常进行情感交流，自然流露出爱党爱国爱家的高尚品格和临危不惧的元帅风度。

别时容易见时难

“家如夜月圆时少，人似流云散处多”[①]，战争年月里的革命夫妇聚少离多，只能凭借鸿雁传书交流感情。烽火连天家国情，一封封深情家书，在战火纷飞中满载着思念和关爱，成就一代名将的爱情宣言。

彭雪枫是颇具名望的“军中才子”[②]，被誉为“上马能打仗，下马写文章”[③]的彭将军。1941年9月14日，他致信女友林颖，坦言共产党人的恋爱思想，提倡“花前谈心，月下互勉”[④]，阐明“把功夫用在相互帮助相互教

①《初心——红色书信品读》编写组:《初心——红色书信品读》,人民出版社2018年版,第158页。清代陈寿祺《喜得家书口占长句》中有:“人如明月圆时少,友似东风散处多。”

②《初心——红色书信品读》编写组:《初心——红色书信品读》,人民出版社2018年版,第157页。

③《初心——红色书信品读》编写组:《初心——红色书信品读》,人民出版社2018年版,第157页。

④《初心——红色书信品读》编写组:《初心——红色书信品读》,人民出版社2018年版,第157页。

育相互鼓励上，这是我党对待同志的态度，也是恋爱双方互相对待的态度”[1]，只有坦诚相待，感情“才能永才能长”[2]，而至“君子之交淡如水”[3]，进而白头偕老。“我们忠诚坦白之于爱，一如我们忠诚坦白之于党。”[4]通信十天后，两人在淮北抗日根据地喜结连理，婚后第三天林颖就离开了驻地。别离是件苦事，但是为了革命事业又不得不别。“请君试问东流水，别意与之谁短长？”[5]至1944年9月彭雪枫牺牲前，他给妻子写了87封家书，文笔流畅、情真意切，尽显军人的豪放与丈夫的细腻，被公认为战地情书中难得的精品。

百团大战后，八路军遭到了日军惨绝人寰的打击报

---

①《初心——红色书信品读》编写组:《初心——红色书信品读》,人民出版社2018年版,第154页。

②《初心——红色书信品读》编写组:《初心——红色书信品读》,人民出版社2018年版,第154页。

③《庄子·山木》。其曰:“君子之交淡若水,小人之交甘若醴;君子淡以亲,小人甘以绝。彼无故以合者,则无故以离。”

④《初心——红色书信品读》编写组:《初心——红色书信品读》,人民出版社2018年版,第158页。

⑤ 李白《金陵酒肆留别》。诗曰:“风吹柳花满店香,吴姬压酒劝客尝。金陵子弟来相送,欲行不行各尽觞。请君试问东流水,别意与之谁短长?”

复，1942年5月，日军出动大兵团突袭八路军前敌指挥部，进行空前残酷的“五月大扫荡”。5月22日晚，左权考虑到次日要转移，本想“再带给你十几个字”[①]捎给妻子刘志兰以寄托思念，不料情思迸发挥就数百字感人至深的告白。他直言对女儿的想念，“想来太北长得更高了，懂得很多事了，她在保育院情形如何？你是否能经常去看她？来信时希多报道太北的一切”[②]；抒发对天伦之乐的向往，“在闲游与独坐中，有时总仿佛有你及北北与我在一块玩着、谈着，特别是北北非常调皮，一时在地下、一时爬在妈妈怀里，又由妈妈怀里转到爸爸怀里来闹个不休，真是快乐”[③]；饱含深情又冷静理性地交代妻子，如遇时局变化，则可大胆视情处理女儿事宜，不必顾及他本人，“一切以不再多给你受累，不再多妨碍你的学习及妨碍必要时之行动为原则”[④]；深情告白妻子，

①《初心——红色书信品读》编写组:《初心——红色书信品读》,人民出版社2018年版,第149页。

②《初心——红色书信品读》编写组:《初心——红色书信品读》,人民出版社2018年版,第149页。

③《初心——红色书信品读》编写组:《初心——红色书信品读》,人民出版社2018年版,第149—150页。

④《初心——红色书信品读》编写组:《初心——红色书信品读》,人民出版社2018年版,第150页。

“别时容易见时难，分离二十一个月了，何日相聚？念、念、念、念”[①]，思念之情尤显真切。不曾料到，这封信竟成左权殉国前的绝笔，“收到你的思念时你已不在人间”[②]，牺牲噩耗传回延安后，信才送达妻子手中。5月25日，左权在山西辽县（今左权县）指挥十字岭突围战中壮烈牺牲。朱德题诗悼左权：“名将以身殉国家，愿拼热血卫吾华。太行浩气传千古，留得清漳吐血花。”[③]

思念是最温情的等待

他们身上有革命家的浪漫情怀，也有铮铮男儿的侠骨柔情、巾帼英雄的幽默风趣。他们的家书诙谐浪漫、热情奔放，真诚质朴、纸短情长，堪为弘扬优良家风的鲜活教材。

1929年7月15日，瞿秋白在从苏联莫斯科前往德国法兰克福参加国际反帝同盟大会的途中，写信给妻子杨

①《初心——红色书信品读》编写组：《初心——红色书信品读》，人民出版社2018年版，第150页。

②《初心——红色书信品读》编写组：《初心——红色书信品读》，人民出版社2018年版，第150页。

③ 中共中央文献研究室：《朱德诗词集：新编本》(上)，中央文献出版社2007年版，第84页。

之华表达浓浓的爱意："临走的时候，极想你能送我一站，你竟徘徊着"[①]，热烈的期盼和怅然的失落感，仿若眼前。他以娴熟的笔触和炽热的言辞，深情诉说离别的相思、游人的眷念，字里行间流淌着离愁别绪，"海风是如此的飘漾，晴明的天日照着我俩的离怀。相思的滋味又上心头……海鸥绕着桅樯，像是依恋不舍，其实双双栖宿的海鸥，有着自由的两翅，还羡慕人间的鞅掌……之华，我梦里也不能离你的印象"[②]。同年3月12日，他用富有革命热情、浪漫情调的诗一样语言告白妻子："我只是想着你，想着你的心——这是多么甜蜜和陶醉。我的爱是日益的增长着，像火山的喷烈……"[③]

周恩来邓颖超夫妇相濡以沫、相敬如宾，既是恩爱夫妻、又是革命战友，彼此的书信表达简约、感情充沛、富有诗意、言辞幽默，向来为世人称颂。1951年3月17日，周恩来写信给在杭州疗养的邓颖超，分享自己的近

① 中共中央文献研究室:《老一代革命家家书选》,中央文献出版社1990年版,第483页。

② 中共中央文献研究室:《老一代革命家家书选》,中央文献出版社1990年版,第483页。

③ 中共中央文献研究室:《老一代革命家家书选》,中央文献出版社1990年版,第481页。

况，盼望妻子早日回京，愉快表示“期满归来，海棠桃李均将盛装笑迎主人了”[①]。3月23日，邓颖超回信：“不像情书的情书，给我带来了喜慰。回报虽迟，知罪免打……先寄语桃、李、海棠，善备盛装迎接主人呀。”[②]3月31日，周恩来复信：“昨天得到你二十三日来信，说我写的是不像情书的情书。确实，两星期前，陆璀答应我带信到江南，我当时曾戏言：俏红娘捎带老情书。结果红娘走了，情书依然未写，想见动笔之难……现时已绿满江南，此间方始发青，你如在四月中北归，桃李海棠均将盛开。我意四月中旬是时候了。忙人想病人，总不及病人念忙人的次数多，但想念谁深切，则留待后证了。”[③]

1957年3月8日，陈赓在南京考察的间隙给妻子傅涯写信，提及在雨花台烈士陵园看到了很多老战友的照片，

① 中共中央文献研究室:《周恩来邓颖超通信选集》,中央文献出版社1998年版,第103页。

② 中共中央文献研究室:《周恩来邓颖超通信选集》,中央文献出版社1998年版,第105页。

③ 中共中央文献研究室:《周恩来邓颖超通信选集》,中央文献出版社1998年版,第106页。

"去雨花台凭吊烈士，一时情不自禁潸然泪下"[①]，感慨烈士为革命事业作出的牺牲，表达生者当更加振奋精神、奋力工作的心愿，"若果我还不振作，如今有些疲惫感的话，那我太对不起他们了"[②]；抒发对妻儿的思念，坦言"有时竟想早些言归，但我不能这样做"[③]。纸短情长的家书，是铁血将军侠骨柔情的自然宣泄，对战友情深义重、对家人关切牵挂，发自内心的情感深沉厚重，坦诚的心迹弥足珍贵。

生活细微处见真情

在革命家的心中，爱人民和爱亲人是一致的，有机统一在为民情怀上。他们的信函往来，朴实自然、内容详尽，饱含真情、令人感怀，生活细微处彰显的精神品格，是新时代传承弘扬红色基因的应有之义。

任弼时长期抱病工作，与妻子陈琮英患难与共，对

---

①《初心——红色书信品读》编写组:《初心——红色书信品读》,人民出版社2018年版,第138页。

②《初心——红色书信品读》编写组:《初心——红色书信品读》,人民出版社2018年版,第138页。

③《初心——红色书信品读》编写组:《初心——红色书信品读》,人民出版社2018年版,第138页。

子女关怀备至，被称为“我们党的骆驼，中国人民的骆驼”[①]。1949年12月24日，他在莫斯科克里姆林宫医院治疗之际，给妻子儿女写信，忍着病痛轻松欢快地话家常，声明自己烟酒不沾，以打消家人的顾虑；详细交代治疗情形和生活起居，以避免亲人挂念，“我在这里医治和休养的时间，可能比预定还要短一些，就是说我能回得比预定时间要早”[②]；坦诚交心，“这次信对我的医治情况，算比前几次信要说的详细得多了吧”[③]，自然流露出家人之间真诚交流的和谐氛围；详尽安排孩子们的学习，要求继续打听寄养在老乡家的儿子湘赣的消息。

1950年2月24日，罗瑞卿给妻子郝治平写信，拉家常的同时提出抚养照顾烈士邓发的女儿邓金娜的安排，以征得妻子同意。邓发是党的早期领导人之一，1946年4月8日，同叶挺等人返回延安时因飞机失事遇难。罗瑞卿

① 语出叶剑英《哀悼任弼时同志》，原载1950年11月1日《人民日报》。叶剑英时任中共中央华南分局第一书记、中南军政委员会副主席等。

② 中共中央文献研究室：《任弼时书信选集》，中央文献出版社2014年版，第122页。

③ 中共中央文献研究室：《任弼时书信选集》，中央文献出版社2014年版，第122页。

在广州视察工作时遇到邓发的妻子，应允代为照顾邓金娜并安排在京读书。他在信中说明缘由，请妻子理解支持，“请送她去学校，每礼拜六同我们的孩子一块儿接回……盼你不要怪我好管闲事”[1]。郝治平16岁参加革命，经受过战争的洗礼，是一名巾帼英雄，对丈夫的做法欣然支持。家书直观反映了革命者亲如家人的深情厚谊，再现了革命家关爱烈士子女的崇高品格。

“烽火连三月，家书抵万金。”[2]中国共产党人有血有肉，崇尚党的事业至上，秉持为民服务宗旨，倡导对亲人严管厚爱。他们在革命和建设生涯中携手奋进的崇高风范，留世弥足珍贵的真情家书，彰显出的爱情观、亲情观、事业观，值得我们永远铭记和学习传承。

---

①《百年红色家书品读》编写组:《百年红色家书品读》,人民出版社2021年版,第127页。

② 杜甫《春望》。诗曰:“国破山河在,城春草木深。感时花溅泪,恨别鸟惊心。烽火连三月,家书抵万金。白头搔更短,浑欲不胜簪。”

革命家书中的子女教育

老一辈无产阶级革命家十分重视家风家教，尤为注重对子女的教育，在纷繁忙碌、四处奔波的革命岁月里，仍不忘通过家书悉心教育子女如何学习工作、为人处世。至今读来仍启人心迪、感人肺腑。

幸福是奋斗出来的

1929年8月3日，何叔衡从莫斯科给义子何新九写信，既表达对家乡的牵挂，也对义子做人做事提出明确要求。他教育义子要用自己的努力去创造幸福，“幸福绝不是天地鬼神赐给的，病痛绝不是时运限定的，都是人自己造成的”[①]，多与亲戚邻居走谈交流，多做于人生有

①《初心——红色书信品读》编写组:《初心——红色书信品读》,人民出版社2018年版,第103页。

益的事，遇到劳力费财的事要多思考多谋划。信中谈及自己的人生态度，“我平生对于过去的失败，绝不懊悔；未来的侥幸，绝不强求；只我现在应做的事，不敢稍为放松，所以免去许多烦恼”[①]，以为义子示范。家书以坦诚朴实的形式表达勤奋敬业的思想，强化通过努力创造幸福的认识，给人以持久的启迪。

1946年12月6日，叶剑英以诗歌的形式给女儿叶楚梅写信，鼓励她珍惜美好时光，“鼓起你的劲儿，踏上你的长路”[②]。当时叶楚梅在莫斯科财经学院读书，国内内战全面爆发刚半年，处于战略防御阶段的人民解放军成功挫败了国民党军队的重点进攻。他以坚定的政治信念和高超的军事谋略，预判我军必然胜利，热情洋溢地抒发人民即将翻身做主人的喜悦之情：“阳光照着艰险的途程，比起黑夜里摸索，要便宜得万万千千。急进吧！追上那先头出发的人们……人民要翻身了，许多人已经翻

①《初心——红色书信品读》编写组：《初心——红色书信品读》，人民出版社2018年版，第103页。

② 中共中央文献研究室：《老一代革命家家书选》，中央文献出版社1990年版，第73页。

了身”[①]；鼓励女儿抓紧学习知识，“那里有广漠无边的地盘，等待着你们去开垦……这是人类历史上最热闹的场面”[②]；为女儿生逢盛世和能够参与“这一场翻天覆地的斗争”[③]而高兴，要求她锻炼成为人民需要的人才，将来为祖国建设作贡献。书信格调高雅、文字精练，蕴含丰富的人生哲理，体现了革命的乐观主义精神和积极进取的人生态度。

始终忠诚于国家和人民

1936年8月2日，赵一曼在就义前给儿子陈掖贤草就家书，深情抒发对儿子的无限爱恋，“母亲对于你没有能尽到教育的责任，实在是遗憾的事情”[④]；直言对儿子的深深歉疚，“母亲不用千言万语来教育你，就用实行来教

① 中共中央文献研究室:《老一代革命家家书选》,中央文献出版社1990年版,第73页。

② 中共中央文献研究室:《老一代革命家家书选》,中央文献出版社1990年版,第73页。

③ 中共中央文献研究室:《老一代革命家家书选》,中央文献出版社1990年版,第73页。

④《民族脊梁》编写组:《民族脊梁:100位为新中国成立作出突出贡献的英雄模范人物》,人民出版社2009年版,第539页。

育你”[1]；告诉儿子自己为国捐躯，“在你长大成人之后，希望你不要忘记你的母亲是为国而牺牲的”[2]。赵一曼有着坚定的共产主义信念，为完成党交给的任务，将两岁的儿子寄养在爱人陈达邦的大哥陈岳云家。“九一八”事变后，她奉命深入东北同日寇伪军作战。1935年11月，她在一次战斗中为掩护部队突围负伤被捕，受尽日军酷刑宁死不屈，用生命写就对国家和人民的大爱、对党的大忠。董必武诗赞：“工农解放须参与，抗日矛头应在先。抗倭未胜竟成俘，不屈严刑骂寇仇。自是中华好儿女，珠河血迹史千秋。”[3]

1949年12月7日，罗荣桓给刚生过孩子的女儿罗玉

---

①《民族脊梁》编写组:《民族脊梁:100位为新中国成立作出突出贡献的英雄模范人物》,人民出版社2009年版,第539—540页。

②《民族脊梁》编写组:《民族脊梁:100位为新中国成立作出突出贡献的英雄模范人物》,人民出版社2009年版,第540页。

③ 语出董必武《吊赵一曼烈士》。董必武法学思想研究会编:《董必武诗选》(新编本),中央文献出版社2011年版,第406页。原诗写道:“革命潮声杂鼓鼙,宜宾静女动深闺。焉能照旧营生活,奋起从军弁易笄。北伐旗开胜未终,叛徒决策反工农。招来日寇山东阻,民族危机迫再逢。北去南来党命衔,不因负病卸仔肩。工农解放须参与,抗日矛头应在先。抗倭未胜竟成俘,不屈严刑骂寇仇。自是中华好儿女,珠河血迹史千秋。”

英写信，高兴之余细心商量年后携带婴儿来京事宜，并谈及自己的政治态度和生活处境，“你爸爸廿余年来，是在为人民服务，已成终身职业”[①]，告诫女儿自己不是在做官发财，“不会如你所想的，是在作官，更没有财可发”[②]；明确表明无法给予女儿女婿额外照顾，“不能对我有其他任何依靠”[③]。新中国成立之初，不少革命元勋的家属亲朋抱有入京谋求差事、谋取照顾的想法。罗荣桓既关心关爱亲人，力所能及予以照料，又坚持原则不利用特权额外照顾，对子女严格要求，很好地彰显了我们党的领导干部的爱心和初心，为后人教育子女树立了良好示范，为新时代家风建设留下了宝贵的教子箴言。

要学会读书学习

1941年1月31日，毛泽东给在苏联读书的毛岸英、毛岸青写信，教导他们好好读书。在革命最艰难的时期，

① 中共中央文献研究室:《老一代革命家家书选》，中央文献出版社1990年版，第261页。

② 中共中央文献研究室:《老一代革命家家书选》，中央文献出版社1990年版，第261页。

③ 中共中央文献研究室:《老一代革命家家书选》，中央文献出版社1990年版，第261页。

毛泽东与两个儿子聚少离多、失联多年。1936年夏，兄弟俩经由上海地下党组织送到莫斯科学习。1937年11月，毛泽东才与他们恢复书信联系，得以进行关心教育。毛泽东开篇先唠家常，战火硝烟岁月万里之外父亲的牵挂溢于言表；随后重点谈到学习生活，希望他们正确处理社会科学和自然科学的学习，“趁着年纪尚轻，多向自然科学学习……目前以潜心多习自然科学为宜，社会科学辅之。将来可倒置过来，以社会科学为主，自然科学为辅。总之注意科学，只有科学是真学问，将来用处无穷”[①]；提醒他们正确对待赞扬，以免在进步之时骄傲自满，“人家恭维你抬举你，这有一样好处，就是鼓励你上进；但有一样坏处，就是易长自满之气，得意忘形，有不知脚踏实地、实事求是的危险”[②]；鼓励他们学会自己做主，设身处地提出主张，“你们有你们的前程，或好或坏，决定于你们自己及你们的直接环境，我不想来干涉你们，我的意见，只当作建议，由你们自己考虑决

① 中共中央文献研究室:《毛泽东书信选集》,中央文献出版社2003年版,第152页。

② 中共中央文献研究室:《毛泽东书信选集》,中央文献出版社2003年版,第152页。

定”[1]。随信还附有一份21种60册的书单，侧重中国文化，包括多部文艺侠客类作品，非常适合年轻人阅读，有利于调动他们的阅读兴趣，提高传统文化素养。毛泽东与子女平等沟通，推心置腹，家书饱含教子之道，满载舐犊之情，体现了一位父亲对子女成长的殷切期待。信中关于学习内容和方法的精辟分析，对当下青年人的学习成长仍具有重要的指导意义。

1970年12月14日，陈云给二女儿陈伟华写信，指导她如何读书学习，为她开列报刊书单，尽显关心爱护以及抓紧读书的殷殷期待。此前，陈伟华从北京给远在南昌下放的父亲写信，汇报自己的学习愿望。陈云非常高兴，“我万分欢喜（不是十分、百分、千分而是万分），你要学习和看书了”[2]，悉心给予指导。他谈了马克思主义哲学的重要性，提议女儿学习唯物论和辩证法，指导女儿订阅报纸，表示看《参考消息》有利于“知道世界

① 中共中央文献研究室:《毛泽东书信选集》,中央文献出版社2003年版,第152页。

② 中共中央文献研究室:《陈云文集》(第三卷),中央文献出版社2005年版,第407页。

大势”[①]，看《人民日报》有利于学习掌握党中央的政策，“只有既看日报，又看《参考消息》，才能知道国内国外的大势。这是政治上进步的必要基础”[②]。他推介女儿阅读历史著作和马列主义经典，并就重点阅读书目和如何查找作了详细介绍。陈云出身贫寒，只读过小学，但在革命生涯中博览群书、勤学强记，其非凡的阅读能力和精湛的理论水平，从信中即可窥见一斑。读书和学习，不仅要有干劲，还要“对路”；既要选择适合自己读的书，还要坚持循序渐进。陈云提出了读书看报的要求，讲清了逐级进阶的读书路径，这在指导青年党员干部加强学习上，同样是难得的读书指南。

要懂得与人相处

1956年1月21日，刘少奇给在苏联莫斯科航空学院学习的儿子刘允若写了一封长信，教导他安心学习一门科学知识，保持乐观的人生态度，正确对待同志们的批评，学会与人相处。此前，刘允若几次写信给父亲，谈

① 中共中央文献研究室:《陈云文集》(第三卷),中央文献出版社2005年版,第407页。

② 中共中央文献研究室:《陈云文集》(第三卷),中央文献出版社2005年版,第408页。

及转系、留级等事宜，刘少奇对此甚为挂念。他希望儿子思考清楚、果断选择，对转学或转系之事直接提出，不要找借口、绕弯子；用身边的事例说明学好专业知识的益处，“你现在学完（只要五年）你的专业，不独不会妨害你将来干别的工作，相反，只会有帮助”[①]。他特别留意孩子的情绪，“在你的来信中还表现了一种悲观的情绪，表现了一种错误的悲观的人生观。这是很不好的”[②]，指出青年人不应该有这种情绪，“必须力求转变，必须对一切抱乐观的态度”[③]。他提出每个人都应该习惯于虚心领受同志们的批评，保持“闻过则喜”[④]的态度，“骂人是对人的一种恶意的攻击，也不怎样讲究实事求是”[⑤]，相反，“同志式的善意的批评，则是对人的一种最好的帮助。所谓良药苦口利于病，忠言逆耳利于行，

① 中共中央文献研究室:《老一代革命家家书选》,中央文献出版社1990年版,第141—142页。

② 中共中央文献研究室:《老一代革命家家书选》,中央文献出版社1990年版,第143页。

③ 中共中央文献研究室:《老一代革命家家书选》,中央文献出版社1990年版,第143页。

④《孟子·公孙丑上》。

⑤ 中共中央文献研究室:《老一代革命家家书选》,中央文献出版社1990年版,第143页。

就是讲的这种批评”[1]；对于善意的批评，“这是必须欢迎，而不应当拒绝的。接受这种批评，改正错误，也并不丧失什么‘面子’，相反，凡是自爱的有自尊心的人，都应当欢迎这样批评”[2]。他针对儿子的思想问题进行了严厉批评和耐心教育，鼓励儿子爽直、无隐讳地交流思想，“我就可以告诉你，哪些你是对的，哪些你是不对的，从而就可以鼓励你对的方面，增加你的信心，警惕你不对的方面，获得及时的纠正”[3]。刘少奇站在父亲和党员干部的角度对孩子谆谆教诲，表达了对儿子将来学好知识报效祖国的殷殷期望，字里行间流露出共产党人高尚的道德情操。今天，家书对指导年轻人的专业、职业选择，教育党员干部正确对待批评和自我批评、正确处理人际关系，仍大有裨益。

1965年4月9日，朱德给在北京郊区铁路系统机车车辆厂蹲点的儿子朱琦写信，表扬了朱琦经过蹲点获得的进

① 中共中央文献研究室:《老一代革命家家书选》,中央文献出版社1990年版,第143页。

② 中共中央文献研究室:《老一代革命家家书选》,中央文献出版社1990年版,第143—144页。

③ 中共中央文献研究室:《老一代革命家家书选》,中央文献出版社1990年版,第144页。

步，认为蹲点调研有积极意义，“现在去蹲点，同群众看齐同吃同卧同劳动，深入了群众中去，就真正会了解社会主义如何建设，如何完成，就会想出很多办法，同群众一起创造出许多新的办法，推向前进”[①]；鼓励儿子深入学习运用辩证唯物主义，再次去蹲点，靠自己的才能和实干为国家作贡献，不准有特殊思想。他强调要把子女后辈培养成合格的接班人，决不允许他们利用自己的地位声望享受特权，认为干部子女一旦有了特殊化思想，就是变质的开始。家书秉承了朱德一贯的优良作风，有肯定、有批评，毫不拐弯抹角、拖泥带水，通篇贯彻马克思主义的群众观，体现了老一辈革命家的实干意识和务实精神。

在革命胜利初期，正因为广大领导干部能够继续保持党的谦虚谨慎、戒骄戒躁的作风，始终恪守党的救国救民、振兴中华的初心，新中国才能顺利踏上社会主义现代化建设新征程。今天，走好前行之路，我们要继续保持党的优良传统，坚定理想信念，牢记初心使命，植根人民群众，踔厉奋发、勇毅前行、团结奋斗，凝聚起同心共筑中国梦的磅礴力量。

---

① 中共中央文献研究室:《老一代革命家家书选》,中央文献出版社1990年版,第88页。

清澈的爱，
只为中国

阿英：烟雨墩上为你守望

芜湖，长江之滨一座国家级开放城市，集江南自然神秀、汇安徽人文灵杰，世称“徽风皖韵、千湖之城”。芜湖，最美不过镜湖，镜湖之上有座烟雨墩，相望百年学府安徽师范大学，毗邻芜湖历史以来最繁华商业文化步行街，坐拥流淌着长江商埠岁月气息的二街。烟雨墩上坐落着幽静别致的图书馆——阿英藏书陈列室，经年累月与镜湖相伴，承载着阿英与芜湖的传奇故事，流淌着缠绵悠长的时光记忆，诉说着无尽感人的游子情怀。

阿英，原名钱德富，又名钱杏邨，在以笔为戎的革命生涯中使用过“阿英”等多个笔名，是我国无产阶级文艺的拓荒者、组织者和领导者，也是现代文学家、剧作家、批评家、编译家、藏书家。阿英1900年2月6日出生于芜湖城南，自1927年离乡至1977年病逝的半个世纪里，再未回过生于斯长于斯的芜湖，无数次渴望“归去、归去”而不可得，只能将浓浓的思乡情寄托于对故乡、故人的关心关爱，情真意切，令人动容。在阿英逝世十周年之际，子女将他珍藏的大部分书刊资料捐赠给故乡人民，他的英灵才回到了魂牵梦萦的故乡，安顿于镜湖烟雨墩，借此与故乡守望相依。

在芜湖：与人民为伍的青少年时期奠定阿英一生奋斗方向

作为土生土长的芜湖人，阿英在芜湖度过了人生中最重要的青少年时期，与家乡结下不解之缘，留下芜湖人永远铭记的佳话。

学习宣传民主思想。阿英的读书经历可谓丰富而又跌宕起伏，自幼读私塾，十岁进入安徽公学附小，后就读省立商业学校，同那个时代很多知识青年一样，旧学与新学集于一身。辛亥革命后，阿英先后改入芜湖圣雅各中学、萃文中学读书，这期间的主攻英文学习也为今后从事翻译文学夯实了基础。1918—1920年，阿英先是考取芜湖邮政局邮务生，后又辞职考入上海中华工业专门学校，退学返芜后旋即赴合肥、六安等地任语文教师。

1923年阿英回芜，先后在求是中学、省立第八中学、芜湖第二女子师范学校、上长街石桥港商业夜校任教，参与家乡革命运动。在当时的环境下，二女师作为专门招收女学生的新式学堂，是世俗眼中的“异类”。阿英在这期间学习、接受并广泛传播民主思想，开始自己创作，上海读书期间就在《解放画报》发表作品，还参与了上海学生联合会。课堂成为阿英宣传自由民主思想、播撒革命火种的沃土，在生动活泼的讲课中间，阿英介绍国内反帝反封建斗争情况，讲授鲁迅等文化先锋的作品，激励学生将读书与国家前途命运相结合。当年在二女师读书的王莹，正是受到了阿英的教导和启迪，逐渐走上革命道路，发展成为著名左翼电影话剧演员和作家。

投身芜湖新文化运动。新文化运动前后，正是阿英在芜湖的青年时期。安徽的新文化运动在安徽籍人士陈独秀、胡适等代表人物的带动和影响下，声势和规模都处于全国前列，而芜湖一直走在安徽新文化运动的前沿，这使得阿英能够更近距离地投入运动、更深入地感受运动氛围。芜湖是历史上的江南“四大米市”之一，曾称长江流域仅次于上海和汉口的第三大通商口岸，在接受和传播新文化方面有得天独厚的优势，《每周评论》《星期评论》等新文化运动进步刊物得以更加便捷地传入芜湖。芜湖在1903年创立的科学图书社，成了当时芜湖教育界、文化界进步人士的活动场所，阿英和刘希平、高语罕、李克农、宫乔岩等人，经常聚集于此，交流思想、讨论时局。陈独秀主编的《安徽俗话报》在图书社印刷，1915年创刊的《青年杂志》（次年改为《新青年》）也将其作为首批代派处，阿英后来组织创办的《苍茫》等刊物也由图书社代为发行，促使图书社成为芜湖唯一经售全国各地新书和杂志的场所。1910年创刊于芜湖的《皖江日报》，是新文化传播的一个重要阵地，阿英和蒋光慈、恽代英、李克农等人常为报纸撰稿。由此种种，阿英与新书、新刊物、新文化运动思想的接触深入广泛，置身革命氛围浓厚、革命运动如火如荼的芜湖成长，使他寻到了今后一生的奋斗方向。

领导芜湖革命运动。1925年5月，芜湖爆发“收回教育权，反奴化教育”[①]大规模爱国运动，进步学生纷纷退学，掀起反帝爱国的学潮。很快，轰动全国的“五卅”惨案消息传到芜湖，阿英作为中等学校师生联合会代表

① 李琳琦、刘道胜：《安徽历史大事典》，安徽师范大学出版社2021年版，第316页。

参加了芜湖各界代表会议。随后，全市停市、停工、停课，示威游行，阿英被推为临时主席参加了国民大会，愤慨激昂地谴责了英、日帝国主义的种种罪行，唤醒民众的觉醒。其间，阿英还和李克农、宫乔岩等人创办了“民生中学”，组织退学的学生上课，学生的思想伴随北伐军胜利逼近芜湖复又活跃起来。身兼语文教员的阿英组织起学生，根据时映的电影《春闺梦里人》改编、排练话剧，揭露军阀混战的罪恶，遣责军阀战争，同情受难的人民，在芜湖大戏院成功上演并引起轰动。阿英和李克农等人在民生中学组织学生进行宣传和革命活动，被地方军阀和守旧势力视为赤化人物。1926年，阿英在《苍茫》发表读书日记《到民间去》，呼吁搞革命搞文化要“到民间去”“与人民为伍”[①]。同年10月，阿英经高语罕介绍在上海加入中国共产党，旋即被派回芜湖进行革命活动，为当时芜湖革命运动的领袖之一。1927年“四一二”反革命政变后，芜湖的共产党人遭到迫害，其时在国共合作的县党部工作的阿英与李克农也未能幸免。4月18日，两人在遭遇敌人逮捕前的半小时获知消息，

① 晓光:《阿英纪念文集》,中国戏剧出版社2000年版,第393页。

经李克农家人的帮助得以乘船过江惊险逃离。那段艰险的流亡经历，被阿英记录在《流离——1927年日记选》中。漂泊数月后，阿英潜回芜湖，复于11月20日清晨离芜赴沪。自此辞别父母，阿英再也没有回到过故乡。

别芜湖：阿英半个世纪的魂牵梦萦

离乡后的阿英大半人生动荡不安，随着时局的变化而变，一度四处逃亡，在颠沛流离的生活中虽"身在异乡为异客"，但家乡芜湖却时时在心中。

缘起芜湖的革命挚友蒋光慈。阿英与无产阶级文学先驱者、革命作家蒋光慈相识于芜湖，两人相知相交12年，建立了深厚的革命友情。五四运动后，阿英从上海回到芜湖，结识了当时芜湖运动的领导人——省立五中的校长刘希平、语文教员高语罕，并由此认识了五中学生蒋光慈，很快便成了志同道合的朋友。被迫流亡上海期间，阿英除了读书、逛书店，和蒋光慈来往最多，两人生活上互相照顾、一起谈政治谈文学谈理想抱负，彼此了解更深。1927年，蒋光慈回芜遭警察抓捕，阿英的舅哥戴述清帮助其脱险。1928年，两人发起成立革命文学团体太阳社，编辑出版《太阳月刊》，1930年加入中国左翼作家联盟。1931年，两人因躲避抓捕分开，同年蒋光慈于上海病故，阿英怀着沉痛的心情写了《在发展的浪潮中生长，在发展的浪潮中死亡》悼念挚友。

心中装着家乡人家乡事。阿英在离乡漂泊的日子里时常帮助家乡的学生。1928年，王莹在上海经人介绍到济难会供职，当时阿英在帮助济难会编印半月刊《白华》，离乡后的师生重逢，恍如隔世。王莹经阿英引荐认识了郁达夫、阳翰笙、孟超等进步青年作家，并加入阿英、夏衍等人领导的“上海艺术剧社”，受到了最初的艺术滋养，并于1930年加入中国共产党。王莹一直感念阿英的教诲，“革命前受阿英先生的影响甚大”[①]，在其自传体小说《宝姑》中，写了一位“钱芜生”先生引导帮助她上大学、入党，工作生活中关心鼓励她，“钱芜生”原型就是阿英。1931年的一天，阿英见到了在芜湖的又一名学生，拉着学生的手，端详了很久未说出一句话，之后又一连串地打听家乡情况，恨不能把一切都“盘问”清楚，一连多日嘘寒问暖、询问乡情。阿英但凡有机会见到家乡故人，总是热忱接待、悉心帮助，道不尽家乡

① 孙栋华:《阿英:情系芜湖归去来》,《中华读书报》2015年6月10日第7版。

人家乡事，浓浓的桑梓情怀溢于言表。

惦念回芜工作生活。和平年代里，任职全国文联的阿英常常怀念青年时代在芜湖并肩战斗、历经磨难的志友，还为此搜集了大量史料计划专门整理。1961年，在李克农看望阿英的时候，两人深情回忆在芜湖的革命岁月，商量着要为当时牺牲的同志立传。令人惋惜的是，李克农于次年病逝。阿英哀悼李克农之际，深情回顾了两人相识相交相知数十年的经历，“这些早年的往事，一幕幕地复现在我的脑际。我忍不住泪流，也感到欣慰”[①]。新中国成立后，阿英多次申请回家乡工作。1965年1月第三届全国人大一次会议期间，阿英曾对当年的学生、时任安徽省副省长张恺帆表达了回皖工作的愿望。有道是游子思归情更切，可憾阿英生前始终未能遂愿。

归芜湖：阿英在烟雨墩上为你守望

是归人的情怀，似游子的深情。阿英曾无限深情地对看望他的同乡后辈说：“来日方长，来日方长，以后我

① 阿英：《阿英文集》，北京：生活·读书·新知三联书店1981年版，第841页。

们到芜湖去，大家好好地聚一聚。”[①]但这满腔的归乡情，悠悠的归乡心，却始终未能实现。

阿英一生酷爱书籍，省吃俭用，奔走各地访求图书，在我国现代藏书家中，与郑振铎并称“绝世双璧”[②]。然而，在那段特殊的时期里，阿英也未能逃过一劫，1968年秋，其征藏的数万册藏书及大批珍贵文物字画被洗劫一空，阿英因此深受打击，备受煎熬。至1976年，阿英大部分被劫夺的书籍得以退还。1977年6月，阿英病逝。

阿英离乡五十载，书是阿英的第二次生命，生前未能了却的归乡愿望，最终借由延续精神生命的书籍实现了。阿英的子女深知父亲生前思乡情切，遵其遗愿，于1987年将阿英精心收藏、失而复得的一批文物字画，以及12000多册珍贵书籍捐献家乡芜湖。阿英的女儿钱璎曾表示：“把这些书献给家乡的人民，是父亲的遗愿，也是我们对父亲的最好的纪念!”[③]同时，阿英的骨灰盒从八

① 孙栋华：《阿英：情系芜湖归去来》，《中华读书报》2015年6月10日第7版。

② 韦泱：《全民阅读书香文丛　书丛人影》，上海科学技术文献出版社2017年版，第112页。

③ 戴煌：《阿英未乘黄鹤去》，《阿英纪念文集》，中国戏剧出版社2000年版，第253页。

宝山革命公墓迁回芜湖安葬。为了更好地纪念阿英，芜湖市在镜湖烟雨墩建成“阿英藏书陈列室”，陈云同志题写匾额；陈列室外矗立着镌刻有阿英头像浮雕的汉白玉纪念基石，李一氓同志题写“文心雕龙”。如今，阿英与故乡始终在一起。

芜湖市歌《半城山半城水》唱道：“半城山半城水，山山水水长相随，柔情豪情都是你给，远方的我为你永远心醉，为你永远心醉。”徜徉在优美的旋律里，我们仿佛能够看到，曾经在遥远的异地他乡，阿英在他的书桌前、灯光下、奋笔疾书间，时而掩卷沉思，矗立窗前，仰望远方，对月遥寄浓浓乡情、悠悠归心。在新时代魅力芜湖的城市名片上，阿英的回归和守望，为这座长江之埠、文化名城添上了浓墨重彩的一笔。

《小二黑结婚》：清粼粼的水来蓝莹莹的天

“清粼粼的水来蓝个莹莹的天，小芹我洗衣衫来到了河边。二黑哥县里去开英雄会，他说是今天要回家转。我前晌也等，后晌也盼……”[①]这曲民族歌剧经典唱段，曾如一缕春风滋润着广大人民群众的心田，成为我们印象最为深刻的时代记忆之一。

《中华人民共和国简史》专门提到《小二黑结婚》这部作品，“贯彻《婚姻法》也是移风易俗的过程……赵树理创作的小说《小二黑结婚》等，引起人民群众的强烈共鸣”[②]。作为一部引领创作风向的大众文艺作品，《小

① 田川:《田川文集1卷 歌剧剧本》,解放军文艺出版社2014年版,第78页。

②《中华人民共和国简史》编写组:《中华人民共和国简史》,人民出版社、当代中国出版社2021年版,第19页。

二黑结婚》契合了延安文艺座谈会精神，满足了人民群众的精神文化需求，深受老百姓喜爱。小说还被改编成歌剧、拍摄成电影，开创了民族歌剧的先河、成为银屏上的翘楚。回眸近80年的传播历程，它从文学到艺术一路辉煌，在新时代仍焕发出强大的生命力。

引领文坛变革的报春之作

《小二黑结婚》坚持为人民服务的创作归旨，落实了党的文艺政策，引领了新的创作方向，被称为“千百年来的中国文坛发生彻底变化的报春花”①。

为了推动根据地文化事业发展，使文化工作成为有力的战斗武器，1942年1月，八路军“一二九师师部和中共晋冀豫区党委联合召开了太行山文化人座谈会”②。会后，彭德怀指示有关部门将调查研究与文艺创作结合起来，用群众的斗争生活来教育群众。1943年春，中共北方局调研室的赵树理落实彭德怀指示精神，深入太行山左权县农村调研。其间，他得知当地一位民兵队长因

① 碧泠:《一生要读知的中国文学名著》,新世界出版社2013年版,第156页。

② 中共中央文献研究室:《回忆邓小平》(下),中央文献出版社1998年版,第72页。

为自由恋爱遇害，后案件得以揭发、恶人受到惩治。但让赵树理深受触动的是，当地群众对追求婚姻自主不理解，陈规陋习根深蒂固。他强烈意识到必须改变人们僵化的思维，清除愚昧的封建思想，于是他以该事件为原型，创作了《小二黑结婚》。小说描写勇敢的民兵队长小二黑与姑娘小芹恋爱，遭到双方家长的竭力阻挠和反动势力的迫害。小二黑父亲二诸葛喜好占卜算卦、小芹母亲三仙姑偏爱装神弄鬼，二人各怀心思为小二黑和小芹谋了对象，无视儿女的自主选择，包办买卖婚姻。村霸金旺、兴旺对小芹心怀不轨，遭拒后妄图以权谋私、横加干涉迫害。在根据地抗日民主政权的主持下，他们的婚姻得到合法正名，金旺兄弟得到依法惩处，二诸葛和三仙姑得到教育帮助，有情人终成眷属。小说用艺术化的方式宣传了新思想，受到彭德怀、杨献珍、浦安修的一致好评，彭德怀专门题词“像这种从群众调查研究中写出来的通俗故事还不多见”[①]。1943年9月，《小二黑结婚》正式面世，扉页上印着彭德怀的题词。小说出版后受到人民群众的热烈欢迎，先后印发6万余册，并在敌

① 杨洪林:《杨献珍哲学思想通论》,人民出版社2008年版,第461页。

后各抗日根据地大量翻印，引起巨大轰动。在当时极其艰苦的环境下，《小二黑结婚》像一抹春风吹进老百姓的心田，人们省吃俭用也要从牙缝里抠出点钱买来看，茶余饭后争相传阅、竞相讨论，堪称中国现代文学史上的奇观。

《小二黑结婚》之所以能够出版并广泛传播，根源在于其创作思想反映了革命文艺的发展方向。1942年5月，中共中央召开了延安文艺座谈会，毛泽东《在延安文艺座谈会上的讲话》确立了“我们的文学艺术都是为人民大众的”[①]方向。《小二黑结婚》以深入农村调研为基础，客观反映了解放区的现实情况，成为解决“轻视工农兵、脱离群众”[②]问题的先锋作品。20世纪40年代，边区政府颁布了《婚姻暂行条例》《妨害婚姻治罪法》[③]，小说积极宣传党的政策，引导人民进行反帝反封建斗争，体

① 中共中央文献研究室:《毛泽东文艺论集》,中央文献出版社2002年版,第67页。

② 中共中央文献研究室:《毛泽东文艺论集》,中央文献出版社2002年版,第60页。

③ 武汉大学中文系、长江文艺出版社:《长江学术》(第3辑),长江文艺出版社2002年版,第105页。

现了“老百姓喜欢看，政治上起作用”[1]的创作方向，真正走进农民的心坎之中，产生了发动、组织、动员农民的效果，被誉为农村生活的启示录。

唱响大江南北的民族歌剧

20世纪50年代，小说《小二黑结婚》被改编成歌剧，开创了民族歌剧的先河[2]，成为中国歌剧民族化探索道路上具有里程碑意义的经典剧目。

小说出版之后，太行山区的大小剧团纷纷采用武乡秧歌、襄垣秧歌、蒲剧、上党梆子等地方戏曲形式，将作品故事搬上舞台，每每演出，十里八乡的老百姓翻山越岭也要一睹小二黑和小芹的风采。1952年，中央戏剧学院歌剧系田川、杨兰春、马可、乔谷等人将《小二黑结婚》改编成歌剧，作为歌剧系毕业作品由郭兰英、张扬主唱上演，将其推向另一个艺术巅峰。相较于原著，歌剧版《小二黑结婚》绽放出新的艺术魅力。

歌剧基于舞台演出特点，对小说情节进行了改编，

① 赵勇:《赵树理:与群众“共事”,写作才能“得劲”》,《光明日报》2021年9月8日。

② 王祖皆:《打好歌剧“中国牌”》,《人民日报》2018年6月22日。

剧本情节更加紧凑、精练，形象塑造更加生动、鲜活。剧本保持了小说通俗化的语言特点，同时增加了大量生活化、口语化语言，推动情节发展，凸显人物性格。生动形象而富有韵味的剧诗和演员们的精彩表演相得益彰，成为歌剧的一大亮点。

比如，小二黑的剧诗“石峡有一个狼牙山，那是鬼子的鬼门关，三八五旅打了一仗，夺了鬼子的轻机关”[①]，用朗朗上口的农民语言交代了小二黑的抗日行为，刻画了主人公的正义和勇敢。又如，演出上充分借鉴了戏曲“动作的虚拟”技巧，当小芹得知小二黑快从县城开会回来，就借口洗衣服来到村头河边等，和随后赶来的姐妹们蹲在河边拿出衣服做种种洗衣服动作，尽管舞台上没有真正的河，却使观众有身临其境之感。演员们精彩的肢体语言，配合小芹的剧诗“清粼粼的水来蓝个莹莹的天，小芹我洗衣衫来到了河边。二黑哥县里去开英雄会，他说是今天要回家转。我前晌也等，后晌也盼……”[②]完美演绎了少女想见心上人又羞于表达的纯

---

① 田川:《田川文集1卷 歌剧剧本》,解放军文艺出版社2014年版,第83页。

② 田川:《田川文集1卷 歌剧剧本》,解放军文艺出版社2014年版,第77页。

情和腼腆。歌剧除了从民间音乐汲取养分，还运用板腔体思维进行歌剧创造，开创了在戏曲基础上发展中国歌剧的先河，给人耳目一新之感。尤其是小芹演唱的《清粼粼的水来蓝莹莹的天》，全曲采用戏曲板腔体的结构，以“散板—慢板—快板”进行布局，经由戏曲功底深厚的郭兰英清脆婉转、声情并茂的演绎，俘获了无数观众的心，成为中国歌剧最经典的唱段之一。

化风成俗的荧屏经典

《小二黑结婚》不仅以经典民族歌剧的形式吸引了众多观众，还两度被拍成电影。

1948年，香港大光明影业公司策划出品电影版《小二黑结婚》，1950年公映。当时香港的进步青年把观看《小二黑结婚》当作一种时尚。为纪念《小二黑结婚》出版20周年，1964年小说再次被搬上了电影银幕。当时，有的地方包办婚姻现象出现反弹，鉴于作品曾经起到了宣传婚姻自由的良好效果，发挥了解决群众工作中存在问题的作用，有关方面希望将其拍成影片，通过新的艺术形式，在带给观众美好视听享受的同时，起到教育观众的作用。由干学伟、石一夫改编拍摄的电影《小二黑结婚》由此问世，并获巨大成功。

电影主题更具典型化、时代感，人物形象更加鲜明突出、主次分明，让人印象深刻、心灵触动。影片把小芹与小二黑的爱情故事与整个民族解放运动联系起来，歌颂了“人的解放”，传达了鲜明的反对封建迷信思想、婚姻观念和反动势力的意旨。在电影中，三仙姑在银幕中不再花枝招展、招蜂引蝶，摇身变成具有严重封建买卖婚姻思想观念的典型代表；小芹成为中心人物，为争取婚姻自由而不屈反抗，揭示了农村广大妇女觉醒、抗争的心路历程，其俊俏清纯、敢爱敢恨、勇于斗争的农村新女性形象深受观众喜爱。影片中三仙姑贪图吴家的钱财势力，私自应允小芹的亲事，对着吴家的财礼，表现得兴高采烈，兴冲冲喊小芹“还不快去谢谢大媒人”，遭到小芹的强烈反抗后，一气之下将女儿反锁在屋里……两人的“对手戏”直击观众的心灵。影片塑造人物画面感、故事性更强，譬如对于三仙姑、二诸葛两位人物，在展示“米烂了”“不宜栽种”等趣闻轶事的同时，给予他们深切的同情和人文关怀，并设置“脱胎换骨”的故事结局，宣扬把所有人从封建思想桎梏下彻底解放出来的主题，激励人们努力追求自由和光明。

影片公映后，赵树理本人看了赞赏不已，对于学伟说，“我就那么一篇小说，你怎么就把它拍成了一部电影？我看着舒服”[①]。显然，赵树理十分认可他拍的《小二黑结婚》电影，这也更加触动人们对经典原著的深情回眸。

《小二黑结婚》讲群众的故事给群众听，照亮了人们的精神世界。作品经受了时光的洗礼，从文学向多种艺术转变，体现了穿越时空的艺术魅力和强大的艺术生命力。“清粼粼的水来蓝个莹莹的天”[②]仍在大江南北传唱，优美的旋律还将继续传扬。

（原刊2022年7月22日《学习时报》第1815期A4版“学习文苑”，署名戴和圣、黄振新，收入时略有增删）

① 郭学勤:《〈小二黑结婚〉的电影改编》,《电影艺术》2006年第5期。

② 田川:《田川文集1卷 歌剧剧本》,解放军文艺出版社2014年版,第77页。

李克农：唯一没有带过兵的开国上将

——走进安徽巢湖李克农故居

初冬的巢湖，微凉的空气中荡漾着淡淡的泥土清香，万物蛰伏恰冬藏。我们怀着万分崇敬的心情，循着李克农将军少时的足迹来到他的故居，瞻仰将军的崇高风范，感受那惊心动魄的岁月。

（一）

巢湖市烔炀镇中李村内，几株高大挺拔的苍松翠柏，掩映着一座普通的农家四合院，这就是“李克农故居”。李克农是久经考验的无产阶级革命家、杰出的社会活动家、外交家，中共隐蔽战线的卓越领导者和组织者，我军唯一一位没有带过兵打过仗的开国上将[①]。在长期的革

① 北京晚报《江山》特刊创作团队：《江山：百年中国史补白寻梦》，人民出版社2013年版，第259页。

命生涯中，他以对党无限忠诚和高度负责的精神，在关键时刻提供了核心情报，在紧急关头保卫了党中央，为中国的解放事业作出了重大贡献。

走进庭院，可见草木依然葱绿，古梅生机勃勃，将军的半身铜像迎门而立，深邃睿智的双眼凝视前方。铜像后是一块汉白玉照壁，正面刻有杨尚昆题写的《丹心留人间 勋业传后世》[①]一文，背面刻有李克农将军大事记。他的一生充满传奇色彩，吸引着人们不断探寻，都想一睹“红色特工王”的风采。

塑像的右前方是李克农故居文物本体建筑，一座普通的农家四合院，二进二厢、前后八间，青砖瓦房，斜屋顶，典型的晚清江淮地区建筑风格，厚重端庄、朴实无华。故居的一进陈列着李克农将军逝世和100周年诞辰时，党和国家领导人的题字；二进原样摆放着当时的生活物品，复原了将军生前生活起居的场景，诉说着他的成长岁月和革命故事。

李克农的爷爷是一位盐商，在与巢湖一江之隔的芜湖做生意，父亲在芜湖海关工作。这座老宅是李克农祖

① 杨尚昆：《追忆领袖战友同志》，中央文献出版社2001年版，第260页。

辈修建的，将军在这里度过了童年时光，自幼读私塾，后入小学，直到11岁离开故乡。此后，李克农先后就读于安徽公学、圣雅阁书院（芜湖教会学校）等，开始受到进步思想熏陶。他积极参加各种进步活动，1926年加入中国共产党。1927年任职国民党芜湖县党部期间[①]，他利用国共合作的有利条件大力宣传我党的政策主张。“四一二”反革命政变后，芜湖陷入白色恐怖，李克农也被悬赏通缉，曾与阿英、宫乔岩等革命志友潜回巢湖躲避，故居后进的几间房屋就还原了当时的场景。

（二）

与“故居”相望的，是1999年为纪念李克农诞辰100周年兴建的“李克农生平事迹展览馆”，陈列图片资料200余幅、实物20余件、其他展品30余件以及相关文献资料，运用声、光、电等技术手段，生动翔实地呈现了将军光辉的一生。步入展厅，正面安坐着将军的雕像。随着“为了革命战争的胜利”“为了保卫建设新中国”和“战斗到最后一息”三个主题单元的时间推移，仿佛跨越

① 中共中央党史研究室第一研究部:《中国共产党第七次全国代表大会代表名录》,中共党史出版社、上海人民出版社2005年版,第786页。

了时空，置身于没有硝烟却又惊心动魄的战争之中。

“为了革命战争的胜利”单元里，有一张几乎与墙齐高的油画，神态逼真，非常醒目。画中的人物是胡底、李克农、钱壮飞，他们在革命时期的贡献是将军谍战生涯中不得不提的故事。1928年春，李克农根据党组织指示，从安徽秘密转移到上海，在周恩来的亲自策划下，经早前打入国民党中央组织部调查科、时任国民党上海无线电管理局局长徐恩曾的机要秘书钱壮飞介绍，考入反共特务机构“上海无线电管理局”。胡底也潜入国民党在北方的情报机构天津“长城通讯社”。在敌人内部，以李克农为组长，和钱壮飞、胡底组成中共特别党小组，深入龙潭虎穴，以大智大勇和大无畏的革命胆识，在隐蔽战线斗争中屡建奇功，在中共历史上发挥了不可估量的作用，被周恩来誉为“龙潭三杰”。1931年4月24日，中共中央特科负责人顾顺章被捕叛变，供出了中共驻武汉交通机关等秘密据点，并试图面见蒋介石供出中共中央机关。钱壮飞破译绝密电报后焦急万分，火速将情报送到李克农手中，李克农立刻意识到事情的极端危害，费尽周折找到陈赓，报告给周恩来。党中央立即采取措施，废除了顾顺章掌握的全部暗号和接头方法，中央机关全部转移，避免了党的一场毁灭性损失。

脚步行进至“为了保卫建设新中国”展区，有两枚闪闪发光的勋章映入眼帘——朝鲜最高人民委员会授予的“一级国旗”勋章。伴着勋章的光芒，我们来到了71年前的板门店谈判展区。1951年朝鲜停战谈判开始后，毛泽东点名让李克农担任中朝谈判代表团的幕后指挥。李克农坚定表态：“我马上准备出发！”[①]他犯有严重的哮喘、心脏病，靠药物维持工作和睡眠，紧要关头抱病出征硝烟弥漫的朝鲜。板门店停战谈判是一场艰难的拉锯战，但他丝毫不感畏惧，在谈判桌上斗智斗勇，和彭德怀在正面战场的战斗相得益彰。一天，正带领大家紧张讨论的李克农收到老父亲不幸去世的电报，匆匆一瞥便揣进了口袋，强忍着泪水继续投入工作。等到深夜，他心情沉重地走出帐篷，朝着北京方向深深鞠了三个躬，以遥祭父亲。痛感愧疚的李克农自此蓄须直至谈判胜利结束，以纪念自己的父亲。这场不见刀枪和硝烟的战争，历时两年零十九天[②]，经历数次中断、数百次大小会议，

① 徐林祥、朱玉：《传奇将军李克农》，安徽人民出版社1996年版，第222页。

② 开诚：《中共隐蔽战线的卓越领导人李克农》，中共党史出版社2018年版，第370页。

在李克农等的运筹帷幄下取得了最终胜利。

将军参加的“安静”战争还有很多。1946年1月，国共两党签署停战协定，李克农利用在军调部的有利条件，在北平、天津和东北地区建立了情报组织，为侦察蒋介石集团发动内战的动向，配合解放军在东北、平津的反击战打下了良好基础。1947年3月，胡宗南进犯延安，李克农为确保毛泽东和中共中央领导机关的安全，组建精干的警卫部队和侦察力量进行保卫，与杨尚昆一起针对蒋介石“不惜一切代价捕获中共首脑部”[①]的阴谋，侦获大量情报，确保了中共中央战略性撤离。1949年进入北平后，李克农领导保卫战线肃清了大量敌特，保证了党中央的安全。毛泽东称，这个时期“我们的情报工作是最成功的”[②]，也不止一次地夸奖李克农干得好，情报工作做得及时、准确、高度保密。

(三)

故居还专设了“无名英雄传千古”展区，以李克农

① 杨尚昆:《追忆领袖战友同志》,中央文献出版社2001年版,第266页。

② 杨尚昆:《追忆领袖战友同志》,中央文献出版社2001年版,第265页。

将军为代表的隐蔽战线英雄们为革命立下了不朽功勋，却不为人所知，可是党和人民不会忘记他们。

李克农曾诙谐自称：“我们是毛驴子，驮惯了东西，不驮是不舒服的，能驮多少，就驮多少。”[①]1961年，病情稍见好转的李克农给邓小平、杨尚昆写信，“要求将中央特科的斗争历史，尽可能加以搜集，汇编成册，同时也可以使过去在斗争中的无名英雄死有所安，老有所归，幼有所寄，鳏寡孤独，各得其所”[②]。得到批准后，他带领专班赴上海开展调查，搜集、整理了大量材料，使隐蔽战线许多老同志的问题得到妥善解决。正是在李克农的建议和支持下，黄钢等人以中共地下工作者李白为原型，创作了经典电影剧本《永不消逝的电波》。1962年2月9日，李克农积劳成疾，不幸病逝。中共中央为他举行了隆重的葬礼，周恩来总理主祭，国家副主席董必武先生作诗缅怀，其中“能谋颇似房仆射，用间差同李左

① 徐林祥、朱玉:《传奇将军李克农》,安徽人民出版社1996年版,第256页。

② 杨尚昆:《追忆领袖战友同志》,中央文献出版社2001年版,第269页。

车”[①]两句现悬挂于故居门庭两侧，用唐太宗时期的宰相房玄龄、秦汉时期的大谋士李左车，赞颂李克农能够在危急关头顶住压力，坚定信念、对党忠诚、能谋善断。将军的一生也正如第三个单元的主题一样——“战斗到最后一息”！

李克农将军的身上总是笼罩着神秘面纱，很多事情乃至工作、生活过的地方，都不为人所知。当李克农去世的消息传到开罗时，正在参加第二届亚非作家会议的夏衍不禁潸然泪下，他用抖颤的笔追忆了老友的往事，深情地说：“克农同志对自己十分严格，生活朴素，平等待人，在他身上，可以看到中国人传统道德中的最优良的品质。”[②]1987年12月28日，杨尚昆批示：“要设法组织一些同志为李克农写点东西。”[③]1988年7月，他又指示：“给李克农写点纪念东西是应该的，也是我的希

① 董必武法学思想研究会：《董必武诗选》（新编本），中央文献出版社2011年版，第363页。

② 袁鹰、姜德明：《夏衍全集 文学》（下），浙江文艺出版社2005年版，第427页。

③ 咏慷：《红色传奇：我所知晓的开国英杰》，中国文史出版社2009年版，第190页。

望！”[1]不久，杨尚昆就带头在《人民日报》发表纪念文章。李克农的传奇经历由此受到世人关注。

李克农故居先后被授予安徽省爱国主义教育基地、国家安全教育基地、国防教育基地等。如今，作为安徽省十大红色旅游景点之一，李克农故居内的一草一木、一屋一舍、一纸一笔，都向人们传递着对党忠诚、能谋善战、爱国爱民的共产党人的崇高风范。

（原刊2022年12月9日《学习时报》第1875期A4版“学习文苑”，收入时略有增删）

---

① 咏慷：《红色传奇：我所知晓的开国英杰》，中国文史出版社2009年版，第190页。

“革命是我终身的寄托”

——走进安徽泾县王稼祥故居

沐浴着初冬雨后清新如洗的芬芳，我们专程来到因李白“桃花潭水深千尺，不及汪伦送我情”[1]而闻名天下的安徽泾县桃花潭镇，怀着崇敬的心情参观中国共产党和中国人民解放军的卓越领导人、中国共产党和新中国对外工作的重要开拓者王稼祥的故居，重温革命先辈的奋斗荣光。

从皖南奔赴革命

王稼祥故居坐落在镇上的厚岸村，是一幢晚清时期的徽派建筑，坐北朝南，三间两厢辅以天井和庭院，简约而朴实、宁静而安详。门厅内设有耳房与二道门，耳

① 李白《赠汪伦》:“李白乘舟将欲行，忽闻岸上踏歌声。桃花潭水深千尺，不及汪伦送我情。”

房是门人居住的地方，二道门分中门和边门，中门平日不开。其内，青砖铺就的小院，栽种了各色花木，绿意葱葱、生机盎然。正房门楣上“王稼祥故居”五个大字，由原国家副主席王震所题。

穿过天井，正屋由一个堂厅和两间厢房组成，其内一片幽静。中堂正中悬挂一幅古朴的国画，配有“道不远人子臣弟友，学惟逊志礼乐诗书”对联，寄托着读书修齐治平的中国传统家风。堂前规整地摆放着桌椅，长案桌上陈放着镜、钟、瓶，取意“东瓶西镜”，祈望平平安安，王稼祥四五岁时一家人在这里拍过全家福。右边厢房是父母的居室，1906年8月15日王稼祥就出生在这里[①]；左边是两个姐姐的厢房，王稼祥在姐姐出嫁后曾住过一段时间。当时他在芜湖组织学生反帝爱国运动，引起反动军阀的敌视，被父亲领回家“关”了一段时间。正是这时期的深沉思考，他立下了“革命是我终身的寄托”[②]的坚定信念，下定决心离开厚岸、踏上追寻革命真理的征程，从此为革命四海为家。

由于正屋的厢房都显狭小昏暗，父母特地在庭院边

① 徐则浩:《王稼祥传》，当代中国出版社2006年版，第1页。

② 中共中央文献研究室:《老一代革命家家书选》，中央文献出版社1990年版，第7页。

上为爱读书的王稼祥建了一厢明亮的书房，一间长条形的屋子，朝院的墙壁上开着一长排玻璃窗，光线慷慨地洒进来，即使阴雨天里也不觉暗。书房兼作卧室，家具简朴，长条凳就着木板搭成床，古旧的书桌摆在窗前。少年王稼祥志存高远、学习刻苦，曾在这里研读《新青年》《向导》《中国青年》等进步书刊，开始萌发革命理想。1922年，16岁的王稼祥离开故乡去南陵乐育学校求学[①]，1924年春到芜湖圣雅各中学读书[②]，在那里进一步接触进步思想，并组织学生爱国运动。1925年8月，立志学知识、求真理的他进入上海大学附中部学习[③]，担任学生会主席；9月，加入中国共产主义青年团；10月，远赴莫斯科中山大学深造[④]，誓要“研究革命理论，实习革命方法”[⑤]。1928年2月加入共产党员后[⑥]，转入苏联红色教授学院读书。他深感“要革命必须有组织的政党来

① 徐则浩:《王稼祥传》,当代中国出版社2006年版,第5页。

② 徐则浩:《王稼祥传》,当代中国出版社2006年版,第8页。

③ 徐则浩:《王稼祥传》,当代中国出版社2006年版,第25页。

④ 徐则浩:《王稼祥传》,当代中国出版社2006年版,第33页。

⑤ 中共中央文献研究室:《老一代革命家家书选》,中央文献出版社1990年版,第12页。

⑥ 徐则浩:《王稼祥传》,当代中国出版社2006年版,第47页。

组织民众不可”[1]，遂于1930年3月回到上海[2]，投身革命。

“三大贡献”

与故居连成一体的是“王稼祥故居纪念馆”，2005年，安徽省委省政府为纪念王稼祥同志诞辰一百周年，依故居新建了“王稼祥故居纪念馆”。纪念馆序厅内立有一尊青年王稼祥汉白玉雕像，身姿挺拔、神态自若，浑身透着投身革命的勇气决心；背景是一组浅浮雕，刻画其生平主要历程；两边立着四块将军红石碑，内容节录自其写给同学王柳华的书信原文。展厅内主题为“永远的稼祥”的生平陈列，用大量珍贵图片、手稿和历史物件，多视角全方位展示其革命的、战斗的、光辉的一生。

在王稼祥的身上，故土地域文化孕育的坚忍不拔的精神品格，深深融入血脉之中，贯穿了生命的全过程。他致力于在不断的革命实践中提升思想认识，在中国革命的重要进程、关键时刻，为推动全党思想的统一、拥护党中央权威和集中统一领导，贡献了自己的智慧、做

① 中国革命博物馆：《老一辈革命家书信选》，湖南人民出版社1984年版，第57页。

② 徐则浩：《王稼祥传》，当代中国出版社2006年版，第51页。

出了积极的努力。在纪念馆醒目位置，专辟“三大贡献”展区，生动详实地展示了王稼祥对中国革命的卓越历史贡献。长征途中，他为酝酿、召开遵义会议作出了重要贡献，会上坚定拥护毛泽东为代表的正确路线，“事实证明，中国的红军和中国革命战争，应该也必须由毛泽东这样有实际经验的人来领导才能取得胜利”[①]。遵义会议肯定了毛泽东的正确主张，会后毛泽东、周恩来和王稼祥组成中央三人军事指挥小组，成为中国革命史上的重大转折。1937年6月，王稼祥赴莫斯科治病[②]，11月任中共驻共产国际代表[③]，1938年8月回到延安[④]。回国前，共产国际执委会总书记季米特洛夫同他谈话，表示“应该支持毛泽东同志为中国共产党的领导人”[⑤]。在同年9月召开的中共中央政治局会议和随后召开的六届六中全会上，他先后传达了共产国际的指示意见，“在领导机关

① 北京日报《纪事》采写组:《初心与抉择——转折关头的中国共产党人》,人民出版社2018年版,第127页。

② 徐则浩:《王稼祥传》,当代中国出版社2006年版,第173页。

③ 徐则浩:《王稼祥传》,当代中国出版社2006年版,第183页。

④ 尚金州:《中共驻共产国际代表团历史》,人民出版社2019年版,第288页。

⑤ 国际共运史研究室:《国际共运史研究资料》(第六辑),人民出版社1982年版,第144页。

中要在毛泽东为首的领导下解决，领导机关中要有亲密团结的空气”[①]。1943年7月，王稼祥在《解放日报》发表《中国共产党与中国民族解放的道路》一文，明确提出“毛泽东思想”并阐述其科学涵义，“毛泽东思想就是中国的马克思列宁主义”[②]。1945年，党的七大正式把毛泽东思想这一科学概念写入党章，作为党的指导思想确定下来。王稼祥生前珍藏的四卷共16本线装石印《毛泽东选集》，也摆放在故居展览。

杰出的外交家

故居还收藏了一件重要历史文物——斯大林赠送给王稼祥的座钟，见证王稼祥在党的外交事业上的重要贡献。

新中国成立初期，我国的外交工作举步维艰。新中国成立前夕中苏双方即在谋划建交和互派大使事宜。

①《王稼祥选集》编辑部:《王稼祥选集》,人民出版社1989年版,第141页,选自《国际指示报告》(注释:这是王稼祥1938年9月14日在中央政治局会议和随后召开的六届六中全会上,传达共产国际的指示和季米特洛夫的意见的报告大纲)

②《王稼祥选集》编辑部:《王稼祥选集》,人民出版社1989年版,第340—344页。

1949年夏，王稼祥陪同刘少奇秘密访苏[1]。同年10月，王稼祥被任命为首任驻苏联特命全权大使[2]，成为新中国第一位驻外大使。毛泽东亲笔致信斯大林："王稼祥同志到苏联的任务，除担任我国驻苏大使并以我国外交部副部长资格兼管对东欧各新民主国家的一般的外交事务外，同时以中共中央代表的资格（他是我党的中央委员）和你及联共中央接洽有关两党之间的事务。"[3]临行前，周恩来亲自相送、深情嘱托。《人民日报》发表热情洋溢的社论，"这是中国人民第一个真正能代表自己意志的外交使节的出国"[4]。作为党和国家主席毛泽东的双重代表，王稼祥完成了许多重要使命，尤其是刚到任就为毛泽东访苏进行各方准备。1949年12月16日，毛泽东抵达莫斯科[5]，开启长达两个月的首次国事访问。1950年1月20

---

① 徐则浩：《王稼祥传》，当代中国出版社2006年版，第298—299页。

② 徐则浩：《王稼祥传》，当代中国出版社2006年版，第308页。

③ 中共中央文献研究室：《毛泽东年谱（一九四九—一九七六）》（第一卷），中央文献出版社2013年版，第24页。

④ 曹屯裕、肖东波：《中国近现代历史人物评传》，宁波出版社2005年版，第254页。

⑤ 李连庆：《大外交家周恩来》（第一卷），人民出版社2016年版，第68页。

日，周恩来到达莫斯科[①]，2月14日与苏联外长维辛斯基签署《中苏友好同盟互助条约》[②]。王稼祥在重要历史事件中，倾注了大量心血，发挥了重要作用。

1951年1月，中共中央成立对外联络部[③]，王稼祥被任命为首任部长，并主持工作长达15年之久。他参与党的外联和国家外交重大决策，领导开展党际外交活动，推动发展我党我国的对外关系。他根据100多年来国际共运的经验，提出"是一家人，又不是一家人"[④]的党际关系准则，提倡各国共产党既要为着共同的奋斗目标互相支持、合作、学习，也要独立自主、完全平等地相互交往。这一提法丰富和发展了我党的外交思想，对国际共运理论作出了贡献。

1974年1月25日，王稼祥在北京突发心脏病逝世[⑤]。1月30日，王稼祥同志追悼大会在北京八宝山革命公墓礼堂举行，毛泽东、周恩来等敬献花圈，邓小平致悼词。

---

① 徐则浩:《王稼祥传》,当代中国出版社2006年版,第326页。

② 徐则浩:《王稼祥传》,当代中国出版社2006年版,第328页。

③ 徐则浩:《王稼祥传》,当代中国出版社2006年版,第333页。

④《王稼祥选集》编辑组:《回忆王稼祥》,人民出版社1985年版,第178页。

⑤ 徐则浩:《王稼祥传》,当代中国出版社2006年版,第395页。

故居外，纪念馆铜像广场上，王稼祥晚年半身铜像矗立在如烟似雾的细雨中，身着中山装，戴着一副金丝眼镜，脸庞消瘦，似沉思、若微笑，仿佛依然在思考着中国革命和发展的未来。

（原刊2024年1月19日《学习时报》第2046期A4版“学习文苑”，收入时略有增删）

安徽青年：百年党建中的一支生力军

在五四爱国运动的历史浪潮中，安庆各校学生组织安徽学生团，以声援北京学生的斗争。1919年5月15日，安徽学生团改组，安徽首个学生组织“安徽省学生联合会”[①]由此成立。1921年4月，全国最早的地方团组织之一——“安徽社会主义青年团”[②]，在安庆菱湖公园宣告成立。安徽青年从此高举团旗跟党走，为民族请命、为国家担当、为梦想奋斗、为人民出征，在百年党建历程中谱写了绚丽的青春奋进之笔。

---

① 陈基余、赵培根主编，《安徽大辞典》编纂委员会：《安徽大辞典》，上海辞书出版社1992年版，第106页。

②《不屈的共产党人》（三），人民出版社1982年版，第189页。

新民主主义革命时期：风雨飘摇中为民族战斗

1919年，当中国以战胜国的姿态与丧权辱国的北洋政府签下不平等条约的消息从“巴黎和会”[①]传出，彻底激起民众的愤慨。同年5月4日，爆发了著名的“五四运动”，北京各大学的学生纷纷集会、示威游行，反帝爱国的热潮呈燎原之势，迅速蔓延至全国各地。

吹响思想启蒙运动的号角

安徽青年运动促进了马克思主义在安徽的传播，为安徽青年组织和地方党组织的建立，奠定了坚实的思想、干部基础。

较早萌发新文化运动。安徽人陈独秀是在中国传播马克思主义的主要推动者，也是中国共产党的主要创始人之一。他于1904年3月在安庆发起创办《安徽俗话

① 沙健孙、龚书铎：《五四运动与20世纪中国的历史道路》，人民出版社2001年版，第28页。

报》[①]，1915年9月在上海创办《青年杂志》（次年更名《新青年》），宣传民族民主革命，播撒新思想的火种。他与李大钊、鲁迅、胡适等人提出的“科学”与“民主”[②]口号，吹响了思想启蒙运动的号角。他发动和组织新文化运动的蓬勃开展，成为新文化运动的领袖。毛泽东认为，陈独秀“是五四运动时期的总司令，整个运动实际上是他领导的”[③]。在陈独秀、胡适等人的影响带动下，安徽青年较早萌醒新文化新思想。1920年，芜湖省立五中教师高语罕创办商业学校，宣传新文化，理论成果《白话书信》在全国思想界引起强烈反响，对安徽青年学生产生极大影响。同时期，蔡晓舟、光明甫、朱蕴山等进步青年在安庆先后创办《新安徽》报、《评议报》，诸多进步书刊如安徽学联《安徽学生会周刊》《皖江新潮》《芜湖》半月刊等相继诞生，成为宣传新文化运动的

① 祝彦：《陈独秀与近代中国》，人民出版社2020年版，第15页。《安徽俗话报》创刊之初，在安庆组织编辑稿件，而社址则设在芜湖长街并由科学图书社发行，印刷又在上海东大路书局。此后不久，陈独秀将《安徽俗话报》编辑部迁到芜湖，入驻科学图书社。

② 周宇豪、刘守义：《马克思主义中国化传播话语体系百年嬗变》，人民出版社2020年版，第76页。

③ 中共中央文献研究室：《毛泽东文集》（第三卷），人民出版社1996年版，第294页。

重要阵地。

积极响应“五四运动”。五四运动的消息一经传出，安徽青年学生纷纷集会声援、游行示威，学生组织也应运而生，开始有领导、有步骤地开展爱国运动。1919年5月15日，“安徽省学生联合会”[①]正式成立，这是首个全省性学生组织。随后，安徽学联有计划地组织青年学生，开展了“驱李运动”[②]、反曹锟贿选斗争[③]等一系列爱国运动。青年学生联合工商各界开展抵制日货、提倡国货的运动，参与工人罢工、组织学生罢课、推动商人罢市，

① 陈基余、赵培根:《安徽大辞典》,上海辞书出版社1992年版,第106页。

② 许汉三、陶若存、哈晓斯:《安徽文史资料　第32辑　皖事拾零》,安徽人民出版社1989年版,第302—303页。1921年八、九月间,军阀倪道烺、马联甲罔顾民意,买通北洋军阀政府总理靳云鹏,任命李兆珍为安徽省省长,以图私利。这一肮脏交易,迅速在安徽各地和旅外同乡中引起强烈愤慨,安庆、芜湖、上海等地旋即掀起“驱李运动”。

③ 安徽省政协文史资料委员会《安徽近现代史辞典》编委会:《安徽近现代史辞典》,中国文史出版社1990年版,第40页。1923年10月5日,直系军阀曹锟贿选当上“总统”,激起全国人民反对。9日,安徽国民救国大会暨全省学、商、工、农各界12000余人,通电反对贿选。芜湖、安庆、六安等地的学生,相继举行游行示威,召开大会,纷纷开展反曹锟贿选的斗争。

同社会各界并肩战斗，进行声势浩大的斗争。五四运动推动安徽新文化运动快速发展，学生爱国运动迅猛推进，为在安徽筹建社会主义青年组织和建党工作打下了坚实基础。

推动马克思主义在安徽的传播。五四运动前后，辗转于京沪等地的安徽进步青年创办了《黟声》《生存》《黟山青年》等革命刊物，更多较早接受马克思主义的皖籍知识青年，则通过各种渠道将进步书刊传到安徽，以宣传马克思主义。汪孟邹在芜湖创办科学图书社，大量印刷、发行革命书刊和革命者的著作，吸引和聚集了越来越多的有志青年。1920年11月至1922年暑假，中国共产党早期青年运动领导人恽代英和早期著名理论家、教育家萧楚女先后任教于宣城省立四师，有力推动了马克思主义在皖南的传播。一大批安徽青年为传播马克思主义、开展建党活动，抛头颅、洒热血，在安徽大地播下了革命的种子。安徽学联常委、青年领袖许继慎，组织和领导了以安徽学联为主体的安庆“六二”学潮等反帝反封建爱国运动，1923年秋遭通缉被迫逃亡上海，1931年在“肃反”中被错杀，时年30岁，2009年被评为

“100位为新中国成立作出突出贡献的英雄模范人物”。[1]

走出国门寻求救国救民真理。第一次世界大战结束后，胸怀大志的安徽青年学子更加关注国内外局势，纷纷踏上出国求学路，寻求救国救民的真理。陈独秀的长子陈延年，1919年12月赴法国勤工俭学，其间同周恩来、赵世炎等创建旅欧共产主义组织——中国少年共产党，后加入中国共产党；1923年又赴莫斯科东方劳动大学学习，至1924年回国，在中共五大上当选为中央委员、政治局候补委员；1927年被捕，牺牲时年仅29岁；2009年入选“100位为新中国成立作出突出贡献的英雄模范人物”[2]。蒋光慈是芜湖学生运动的主要领导人之一，五四运动时任芜湖一中学生会副会长；1921年赴莫斯科东方

①《民族脊梁》编写组:《民族脊梁:100位为新中国成立作出突出贡献的英雄模范人物》,人民出版社2009年版,第1—2页。2009年,为推动群众性爱国主义教育活动深入开展,迎接新中国成立60周年,经中央批准,中央宣传部、中央组织部、中央文献研究室、民政部、人力资源和社会保障部、全国总工会、共青团中央、全国妇联、解放军总政治部等11个部门,联合组织开展评选“100位为新中国成立作出突出贡献的英雄模范人物和100位新中国成立以来感动中国人物”活动。

②《民族脊梁》编写组:《民族脊梁:100位为新中国成立作出突出贡献的英雄模范人物》,人民出版社2009年版,第1—2页。

劳动大学学习，1922年加入中国共产党；1924年回国后从事革命文学活动，发起成立革命文学团体——太阳社，编辑《太阳月刊》等杂志，《少年漂泊者》等革命文学作品有很大反响，1931年在上海病逝；1957年被追认为“革命烈士”。

推动建立安徽青年组织和地方党组织。团的“一大”召开前，全国早期成立的地方团组织仅17个，安徽居其一。1921年10月，进步青年舒传贤召集8名团员，在安庆成立安徽（安庆）社会主义青年团，下设学生运动委。陈独秀在中国共产党成立后不久，指示高语罕在芜湖学界开展党建活动，后又指派柯庆施赴安庆筹建党的地方组织。1923年冬，安徽最早的城市党支部——中共安庆支部成立于安庆北门万安局濮家老屋，首任书记为柯庆施。同时期，在周恩来的亲自指导下，曹蕴真、薛卓汉等人在寿县小甸集成立中共小甸集特别支部，直属党中央领导，这是安徽最早的农村党支部。至1926年，合肥、芜湖、六安、旌德等15个市县纷纷开展建党活动，分别建立了独立的支部或小组，安徽党组织和革命活动覆盖了全省大部分地区。安徽青年在地方党组织和共青团组织的领导下，纷纷罢工、罢课、罢市，声援中国工人运动，迅速掀起反帝反封建爱国运动的新高潮。

积极投身波澜壮阔的中国革命

满怀革命理想的安徽青年，在党的领导下，投身新民主主义革命，奋战在争取民族独立和人民解放的伟大斗争中，为中国革命的胜利做出了重要贡献。

创建和保卫红色革命根据地。中国革命走上农村包围城市的道路后，安徽青年积极参加打土豪分田地的斗争，踊跃参加保卫红色革命根据地的斗争，为中国革命事业注入了坚强的有生力量。1932年，红四方面军主力西进川陕，留下红军子女300余名，在游击队掩护下辗转于商城东南山区（今安徽金寨县）。1934年初，红二十五军回到商城，将这300余名儿童组成一支小红军队伍，为继承“少共国际师”①的革命传统，命名为“少共国际团”，跟随红军学习、训练、战斗。11月，少共国际团跟随红二十五军北上，在战火洗礼中逐渐成长为坚强的革

① 罗洪铁、黄蓉生:《中国共产党青年人才思想及实践研究》，人民出版社2016年版，第61页。“少共国际师”是国际共运史上的一个重要的国际联合组织，1911年11月秘密成立于德国柏林，由第三国际领导。中国共产党的青年团组织成立后，也组成了少共国际师。

命力量。金寨县被誉为“红军的故乡、将军的摇篮”，是红四方面军、红二十五军的主要发源地，从这里先后组建了11支主力红军队伍、走出了59位开国将军，数万金寨儿女参军参战、壮烈牺牲在革命战争年代。

开展抗日救亡运动。安徽抗日青年积极响应一二·九抗日救亡运动，掀起抗日救国新高潮，积极参加敌后抗日根据地建设，不屈不挠同日本帝国主义进行坚决斗争，为抗日战争的胜利作出了应有贡献。1939年秋，广德抗日儿童团参加了广德战役，在正规军大部分阵亡的情况下，以年仅十二三岁的弱小之躯抵抗敌军的侵略，最终全部壮烈殉国。在艰苦卓绝的全民族抗战中，安徽青年是作战军民的中坚力量，在十二万平方公里的江淮大地上，同敌人殊死搏斗七千多次，歼敌十余万人，无数江淮儿女献出了宝贵的生命。

在解放战争血与火的考验中茁壮成长。抗日战争胜利后，安徽青年清醒认识国内形势的变化，追随中国革命进入新的历史时期，在党的领导下，与广大人民群众、人民军队一起，奋起自卫，反对内战，广泛开展爱国民主运动，奋力支援淮海战役和渡江战役，在血与火的考验中茁壮成长。“渡江英雄”“支前模范”马毛姐[①]，在渡江战役中凭着年仅14岁的弱小身躯，6次穿梭于枪林弹雨中横渡长江，忍受手臂中弹的巨大疼痛，运送3批解放军成功登岸，是解放战争时期支前英模的杰出代表，受到毛泽东亲切接见并题词“毛姐：好好学习、天天向上”[②]。2021年6月，中共中央授予马毛姐“七一勋章”。

社会主义革命和建设时期：风雨同舟中为国家担当

新中国的成立，赋予安徽青年和青年运动崭新局面和广阔天地。中国新民主主义青年团安徽省工作委员会于1952年2月在合肥成立，1954年4月召开了第一次团员代表大会。广大青年辛勤劳动、艰苦创业，有组织地投入社会主义革命和建设的伟大实践中，为保卫新政权和建设新中国作出了重要贡献。

做巩固新政权的积极力量。新中国成立初期，安徽青年勇担保卫和巩固新生政权的艰巨使命，积极勇敢参

① 曹前发:《百年大党旗正红:“七一勋章”获得者风采录》,中央文献出版社2021年版,第1页。

② 曹前发:《百年大党旗正红:“七一勋章”获得者风采录》,中央文献出版社2021年版,第1页。

加反封建的土地改革，使千万农民成为土地的主人；投身改造社会的斗争，镇压反革命，开展爱国卫生运动，加强文明建设，抚平战争创伤，精神面貌焕然一新；参与保家卫国，支持和加入抗美援朝运动，政治觉悟和爱国热情极大提高，为巩固新政权作出了积极贡献。

为恢复国民经济不懈努力。安徽青年贯彻党在过渡时期的总路线，积极参与实施第一个五年计划，开展大规模经济建设，努力恢复和发展国民经济，使得近代以来惨遭战争破坏、满目疮痍的江淮大地发生巨大变化，推动实现国家财经状况基本好转。1950年夏，淮河流域的豫皖交界处遭遇超大暴雨，党中央作出组织大规模导淮工程的决策，安徽青年积极响应，踊跃加入治淮大军，用坚定的信仰和忘我的劳动，坚决落实“一定要把淮河修好”[①]，创造了人民治淮的伟大工程。是年冬，深受洪涝灾害之苦的泗县团员青年金秀兰，带领12位小姐妹奔赴新濉河工地，日夜战斗在千里淮堤上，从一名治淮民工分队队长逐渐成长为受到团中央表彰的治淮特等模范，受邀参加了1951年世界第三届青年与学生和平联欢会

①《中华人民共和国简史》编写组:《中华人民共和国简史》,人民出版社、当代中国出版社2021年版,第41页。

（德国柏林）、2007年中国青年群英会。以金秀兰为代表的广大青年踊跃参与治理淮河、修建梅山水库、佛子岭水库、花亭湖水库、诸佛庵水库等基础建设事业。在皖西皖中，青年与人民一起自力更生，历时14年建成新中国最大灌区——淠史杭灌区，世人赞为“中国水利建设史上的一颗光辉耀眼的明珠”[①]。

在生产建设中展现青春风采。安徽团员青年积极响应党发出的“把青春献给祖国”“一切为了社会主义”“到最艰苦最需要的地方去”[②]时代强音，主动克服艰苦劳动环境和艰难生活条件，积极投身国家工业化建设，成为祖国各条战线上一支强大的生力军和重要的突击力量。这一时期，安徽人民发挥忘我的劳动精神，踔厉奋发，为推进国家工业化添砖加瓦：第一个五年计划的开局之年，新中国第一炉铜水在铜官山铜矿炼出，3年后又建成国内第一座机械化露天铜矿；1963年，国产首个火车轮箍自马钢车轮轮箍厂轧出，五年后，安徽第一辆自产汽车从江淮汽车制造厂驶出；20世纪60年代后，安徽

① 李宗新、吴宗越：《淮河的治理与开发》，上海翻译出版公司1990年版，第90页。

② 黄晓波、刘海春：《新时期高校共青团工作概论》，人民出版社2010年版，第71页。

的矿业迎来发展高峰，淮南矿区1960年跻身全国年产原煤千万吨以上五大矿区之一，淮北矿区也在1976年成功突破千万吨大关，发展成为全国重点矿区。

开创社会主义新风尚。安徽团员青年不仅是经济建设领域的生力军，也是社会主义新风尚的开创者、引领者，是社会主义革命和建设的新生力量。他们掀起学毛泽东讲话、学雷锋志愿活动的热潮，带头荡涤旧社会腐朽的道德观和不良风气；带头开展思想道德建设，丰富精神文化生活，建立健全行为规范，积极营造健康、积极、向上的社会风尚；大力发展体育运动，增强体质，增进交流，首届安徽省运动会于1959年4月底5月初在合肥举行，标志着全省大型群众性规模体育赛事自此拉开帷幕。

改革开放和社会主义现代化建设新时期：春风化雨中为梦想奋斗

安徽进步青年踊跃参与思想解放运动，积极开展真理标准大讨论，首先认同和大力支持"实践是检验真理的唯一标准"[①]。党的十一届三中全会后，安徽青年迎来

① 邓小平：《邓小平文选》（第三卷），人民出版社1993年版，第10页。

了更为广阔的发展空间，以奋斗的姿态在改革开放和社会主义现代化征程中建功立业，为建设中国特色社会主义伟业发挥了突击队、主力军作用。

积极投身改革大潮。安徽青年率先在农村奏响改革的冲锋号，获得农村改革的突破性进展，成为中国改革大潮中最积极、最重要的力量之一。1978年冬，一个注定被载入史册的季节，连续的严重旱灾致使滁县地区粮食锐减，农村经济风雨飘摇，凤阳县梨园公社小岗生产队18户农民“站了出来”，于危机中育先机，历史性打破旧的农村经济体制。他们秘密聚集共担风险，用签字画押订契约的朴实方式干了一件破天荒的大事，把土地分给各家各户耕种，首创包干到户的责任制形式。“大包干”[①]让小岗村农民的日子好起来，也如一声春雷惊起中国改革浪潮滚滚向前。习近平总书记在2016年4月考察小岗村时曾经感慨：“当年贴着身家性命干的事，变成中国改革的一声惊雷，成为中国改革的标志。”[②]

在“四化”建设中发挥突击队作用。安徽青年在向

① 张神根、张偲：《百年党史——决定中国命运的关键抉择》，人民出版社2021年版，第145页。

② 张神根、张偲：《百年党史——决定中国命运的关键抉择》，人民出版社2021年版，第145页。

“四个现代化”战略目标[①]迈进的新征程中，发挥了突击队和生力军的作用。他们响应号召，发起植树造林运动，向荒山进军，开荒栽植青年林。他们冲锋在抗灾抢救第一线，奋不顾身保护人民群众的生命财产安全。他们大兴文化体育活动，强体质、兴科技、育新风、展形象，1978年，中国科学技术大学率先设立少年班，从此不断创造科技神话；他们为国争光，展示形象，许海峰在1984年第23届洛杉矶奥运会上打出566环的成绩，一举射落自选手枪慢射金牌，实现中国奥运金牌零的突破。

做社会主义精神文明建设先锋。安徽青年立志成为

①《中华人民共和国简史》编写组:《中华人民共和国简史》,人民出版社、当代中国出版社2021年版,第93—94页。“四个现代化”战略目标的形成有一个历史过程:1954年9月,周恩来在一届全国人大一次会议的政府工作报告中首提“四个现代化”的构想(现代化的工业、现代化的农业、现代化的交通运输业和现代化的国防);1957年3月,毛泽东提出“现代工业、现代农业和现代科学文化”的建设目标,1958年5月召开的中共八大二次会议沿用这个说法;1959年底,毛泽东提出要加上“国防现代化”,至此形成“四个现代化”战略目标的完整提法。

“四有”新人[1]，高标准、严要求加强精神文明建设，树立正确的理想信念，努力提高道德修养和思想文化素质，在改革开放的实践中健康成长。团员青年纷纷掀起“五讲四美三热爱”[2]活动高潮，深入群众开展学雷锋活动，立足各行各业各种岗位创建“新风窗口”“文明窗口”，开展文明礼貌月活动。干实事、做好人内生为安徽青年的追求，“好人安徽”[3]成为安徽闪亮的品牌、践行社会

① 中共中央文献研究室:《邓小平思想年谱(1975—1997)》,中央文献出版社1998年版,第311页。“四有”新人目标的提出经历了一个长期的过程:1980年5月,邓小平在一次题词中首提“有理想、有道德、有知识、有体力”;1982年7月,邓小平进一步指出“有理想、讲道德、有文化、守纪律”;党的十二大重申“有理想、有道德、有文化、守纪律”;1985年3月,邓小平在全国科技工作会议上的讲话中指出,要教育全国人民做到“有理想、有道德、有文化、有纪律”,“四有”的说法由此正式确定。

② 中共中央文献研究室:《邓小平思想年谱(1975—1997)》,中央文献出版社1998年版,第311页。1981年2月25日,全国总工会、共青团中央、全国妇联等九单位发出《关于开展文明礼貌活动的倡议》,提出“五讲四美”,即讲文明、讲礼貌、讲卫生、讲秩序、讲道德和心灵美、语言美、行为美、环境美。1983年,加上热爱祖国、热爱社会主义、热爱共产党,开展“五讲四美三热爱”活动。

③ 中共中央宣传部宣传教育局:《守正创新的践行:新时代公民道德建设评论员文章和工作实践体会汇编》,人民出版社2020年版,第57页。

主义核心价值观的模范样本，“中国好人榜”安徽上榜人数自2008年以来常常高居全国榜首。

擦亮跨世纪青年工作品牌。安徽青年以强烈的责任感勇担跨世纪的历史使命，在服务党和国家工作大局中促进社会进步，在奋进新世纪新征程中展示新形象、获得新发展。安徽青年志愿服务事业蓬勃发展，广大青年志愿者接力服务在医疗卫生、生态文明、农村农业、基层社区、公共领域等行业战线，主动请缨参加四川抗震救灾，积极参加抗击“非典”工作；大学生志愿者踊跃参加西部计划、北京奥运会、北京残奥会、上海世博会等志愿工作。全国“希望工程”[①]事业由安徽发端，第一所希望小学于1990年5月落户金寨县，徐向前元帅亲笔题写了校名，“大眼睛”苏明娟的形象作为希望工程标志，代言并推动了“希望工程”[②]事业的发展。一大批共

① 中华人民共和国国务院新闻办公室:《新时代的中国青年》，人民出版社2022年版，第15页。“希望工程”由共青团中央发起、中国青少年发展基金会实施，是以改善贫困地区基础教育设施、救助贫困地区失学少年重返校园为使命的社会公益事业。截至2021年底，全国希望工程累计接受捐款194.2亿元，资助家庭经济困难学生662.6万人，援建希望小学20878所。

② 中华人民共和国国务院新闻办公室:《新时代的中国青年》，人民出版社2022年版，第15页。

青团组织和团员青年脱颖而出，荣获“全国青年文明号”“全国五四红旗团委”“全国工人先锋号”“中国青年五四奖章”等荣誉。

中国特色社会主义新时代：风雨洗礼中为人民服务

安徽青年在以习近平同志为核心的党中央坚强领导下，坚持以习近平新时代中国特色社会主义思想为指导，认真学习贯彻党的十八大以来重要会议精神，深入贯彻落实习近平总书记考察安徽重要讲话指示精神，同人民一起开拓、同祖国一起奋进，展现出昂扬的精神风貌。

掀起学习贯彻习近平新时代中国特色社会主义思想热潮。安徽团员青年坚持用党的最新理论成果武装头脑，认真开展“青年大学习”，多读书、读好书、好读书，交流分享学习成果，深度参与“与信仰对话”，树立正确的理想、坚定的信念，安徽青年见行动。他们树立和践行社会主义核心价值观，积极开展“我为社会主义核心价值观代言”活动，形式多样地开展理论微宣讲、微党课，用通俗化、艺术化、精品化形式传播党的声音；积极作为、主动担当，用情用心关注关爱特殊群体，深入广泛开展爱心公益、社会实践活动，将文化、体育、美育带给乡村孩子、留守儿童，开展心理陪护、播下艺术种子，积极参与援疆援藏工作，牵手山南青年企业家开展“山南发展、问道电商”[①]活动，组织开展皖疆青少年手拉手夏令营，把青春华章写在祖国大地上；走向社会、走进基层、深入人民中间，了解群众、服务群众，利用自身优势送文化、送科技、送卫生，积极创建大学生村官创业示范基地，在全国率先开设现代青年农场主创新创业试验班。

奋力建设现代化美好安徽。安徽青年聚焦科技创新、新兴产业、改革开放，促进经济社会发展全面绿色转型，积极发挥生力军作用，在建设现代化美好安徽中建功立业。广大青年积极响应号召，扎根祖国大地、立足专业行业，奋力拼搏在创新发展的时代浪潮中。2009年开始，8位在美的医学院博士后相继回国，进驻合肥科学岛深耕前沿科学，2017年6月在国际上率先实现“千公里级的星地双向量子纠缠分发”[②]，2020年12月潘建伟、陆朝

① 李红、党啸:《雨露润土百花红——2016年全市“双业”工程综述》,《山南报》2017年1月11日第1版。

②《国家记忆:新中国70年影像志》编写组:《国家记忆:新中国70年影像志》,新华出版社2019年版,第171页。

阳等成功构建76个光子的量子计算原型机（“九章”），推动全球量子计算的前沿研究创下新高度。潘建伟团队2018年荣获“中国青年五四奖章集体”，潘建伟入选2019年“中国海归70年70人”[①]。青年大学生积极投身创新创业，开阔国际视野，踊跃参加“大学生机器人大赛”、“挑战杯”大学生学术科技作品竞赛、“创青春”大学生创新创业大赛等，并取得突出成绩。牢固树立“绿水青山就是金山银山”[②]理念，坚决保卫蓝天、碧水、净土，实施“皖美·青春”青少年生态环保行动，开展“河小青”生态文明志愿活动，大学生志愿者长期组织开展“生态安徽——江淮环保行”社会实践活动，受到联合国原人事司副司长翁盈盈女士的肯定和赞赏，她欣然在安徽高校设立“博爱环保奖学金”。

重大考验面前兑现“强国一代有我在”的青春誓言。

---

① 2019年12月18日，在2019中国海外人才交流大会暨第21届中国留学人员广州科技交流会上，全球化智库（CCG）与中国国际人才专业委员会联合发布“中国海归70年70人”榜单，致敬70年间取得开创性成果的海归代表人物。资料来源：全球化智库（CCG）http://www.ccg.org.cn/

②《中国共产党第十九次全国代表大会文件汇编》，人民出版社2017年版，第74页。

安徽青年坚定理想信念，牢记初心使命，将个人梦想融入全面建设社会主义现代化国家新征程中，努力为党和人民争取更大光荣，用奋斗与奉献完成了最令人感奋的集体亮相。他们时刻牢记党的宗旨，永远保持同人民群众的血肉联系，始终同人民想在一起、干在一起，风雨同舟、同甘共苦，面对突如其来的疫情，逆行出征、火速驰援，在隔离救治病房殊死奋战，在生产建设一线忘我工作，在医药研发实验室里埋头苦干，在城乡社区关口坚守岗位，不畏艰险、冲锋在前、真情奉献，身体力行参与常态化疫情防控，“愿以吾辈之青春，守护这盛世之中华”[①]，紧急时刻，到处响彻“我是党员”“我是团员”的铿锵誓言，盛世青春在疫情大考的风雨洗礼中展现了担当、砥砺了成长，交出了一张合格的抗疫答卷。他们牢固树立“以人民为中心”[②]的发展思想，为实现人民对美好生活的向往而勇担使命，在助力脱贫攻坚和乡村振兴的艰巨考验中义无反顾冲锋在前，坚决响应党中央号召纷纷加入脱贫攻坚驻村扶贫工作队、助力乡村振

① 中共中央宣传部：《习近平新时代中国特色社会主义思想学习问答》，学习出版社、人民出版社2021年版，第298页。

② 习近平：《习近平谈治国理政》（第二卷），外文出版社2017年版，第213页。

兴驻村工作队，积极参与脱贫攻坚第三方监测工作，无惧挑战、攻坚克难，利用所学所长为人民服务、为经济社会发展助力，直播“带货”、宣传“代言”、招商引资、科技助农、文化兴业、扶智强志，借助人工智能、云计算、物联网等新技术，在创业之路上砥砺前行，从自身做起、从点滴做起，保持艰苦奋斗的前进姿态，用勤劳的双手成就精彩人生，将青春挥洒在祖国和人民最需要的地方。

未来属于青年，希望寄予青年。百年前，安徽青年高举起马克思主义思想火炬，在江淮大地苦苦追寻。百年来，安徽青年团结在中国共产党的旗帜下，沐浴着党的阳光雨露，发扬敢为人先、开拓进取的奋斗精神，迸发众志成城、建功立业的先锋力量，把青春奋斗融入党和人民事业，打造了最鲜亮的青春底色，彰显了新青年新担当。青春生生不息，奋斗未有穷期。安徽青年将以实现中华民族伟大复兴为己任，增强做中国人的志气、骨气、底气，不负时代，不负韶华，不负党和人民的殷切期望。

后　记

人生的经历里当然不仅仅有缺憾，亦有确幸，这是每个人成长的恒定规律。

我不认为这是一本书，仅能作为一段时间来零星写作的一次系统整理，以此告诫自己不要活在日复一日的单曲循环里，聊以慰藉每一个自我认真的日子。

附有后记，最大的心愿是表达感谢。很多小文在写作过程中，得到过师友的启发、指点、帮助和鼓励，也参考过前人的一些成果。为了不因拙作辱没他们的崇高声誉，我琢磨着就不再一一点出，谨在此真诚致谢、永存敬意！

每个人心中，总会藏着一些未完待续的梦，没有例外，也不是唯一。

岁月不居，学会豁达，“轻舟已过万重山”。

时节如流，坚持乐观，“长路漫漫亦灿灿”。

仅此而已。

二〇二三年十一月十六日于芜湖